4.3.2016

MARKGRÄFLERLAND

Johann Schmieder | Sencon-Verlag

gewidmet allen, die zum Erscheinen
dieses Buches beigetragen haben

Liebe Leserinnen und Leser

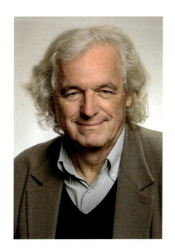

Die RegioTriRhena, lokal kurz Regio genannt, die ich Ihnen mit der Reihe REGIO ENTDECKUNGEN vorstellen möchte, umfasst das Dreiländereck Deutschland, Frankreich und Schweiz und gehört zu den touristisch und wirtschaftlich attraktivsten Regionen Europas.

Mit diesem Band darf ich Sie durch das Markgräflerland führen, das sich durch seine zentrale und zugleich verbindende Lage in der Regio auszeichnet. Im Süden liegen Basel und das Dreiländereck, im Norden Freiburg und der Breisgau. Im Osten führen die Täler der Schwarzwaldausläufer in den Hochschwarzwald. Im Westen verbinden der Rhein und eine lange wechselhafte Geschichte das Markgräflerland mit dem Elsass.

Entsprechend vielfältig und abwechslungsreich sind die Landschaft und ihre Sehenswürdigkeiten. In 160 Entdeckungen werden Sie historische Bauwerke, Schlösser, Burgen, alte Kirchen, Museen, die Städte und Dörfer mit ihren Märkten, Veranstaltungen sowie Thermen und Freizeitangebote kennen lernen. Sie werden auch mit dem Markgräfler Wein und seinen Winzern bekannt werden, die eine fast zweitausend Jahre alte Weinbautradition im Markgräflerland pflegen und damit international anerkannte Spitzenweine herstellen.

Ich wünsche Ihnen viel Spaß bei der Lektüre dieses Buches und bei Ihren Entdeckungsfahrten.

Mit herzlichen Grüssen

Ihr Johann Schmieder

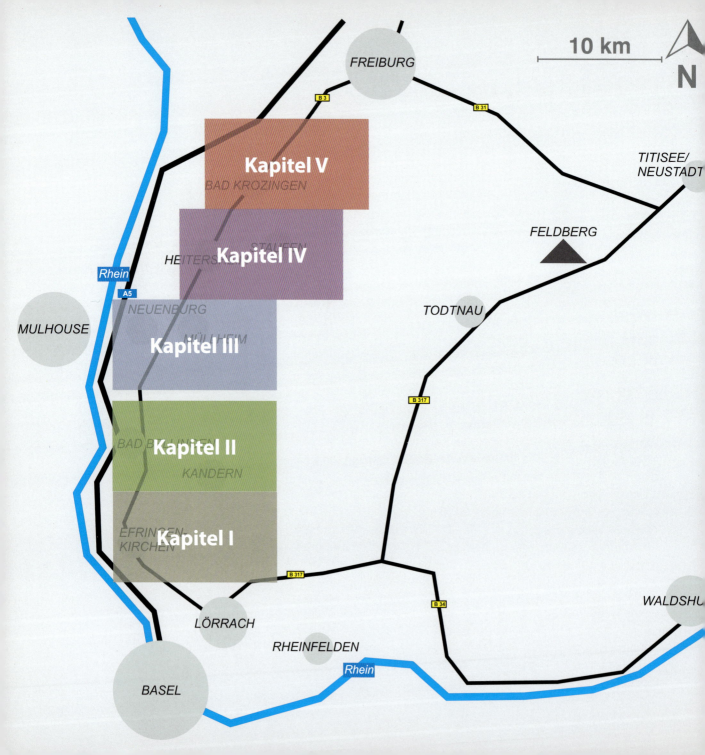

Die geographische Definition des Markgräflerlandes ist unter Historikern, Archivaren und anderen Kennern der Regio höchst umstritten, insbesondere was die Nord-Süd-Ausdehnung betrifft. Für die einen reicht das Markgräflerland vom Basler bis zum Freiburger Münster, für andere immerhin von Weil bis St. Georgen. Auch ob Lörrach und das Wiesental mit Schopfheim dazugehören oder ob nicht doch der Sulzbach bei Heitersheim und Sulzburg die Nordgrenze zum Breisgau bilden ist umstritten, und die Münstertäler sehen sich eher als Schwarzwälder denn als Markgräfler.

Für dieses Buch habe ich einen pragmatischen Ansatz zur Gebietsdefinition gewählt. Im Süden beginnt das Markgräflerland mit Binzen als Nahtstelle zwischen dem Dreiländereck und dem Markgräflerland, auch wegen seiner verkehrsgünstigen Lage an der A98/A5 und der B3 ins Rheintal, sowie der L134 und dem Chanderli ins Kandertal. Die Nordgrenze bilden Ebringen und der Schönberg mit seinem Ausblick auf Freiburg. Auch das Münstertal, das meist vom Rheintal aus besucht wird, finden Sie in diesem Buch.

Mit diesem Ansatz beträgt die Nord-Süd-Ausdehnung des Markgräflerlandes knapp 40 Kilometer. Die östliche Begrenzung wird durch Spielweg im Münstertal und durch das Kloster St. Ulrich gebildet, die westliche durch Istein und Rheinweiler, dazwischen liegen rund 20 Kilometer. Für dieses Gebiet stellt Ihnen das Buch MARKGRÄFLERLAND insgesamt 160 Entdeckungen vor, die in fünf Kapitel gegliedert sind.

Im Süden führt Sie das Kapitel I vom Vorderen Kandertal über das Markgräfler Hügelland in die Rheinebene nach Efringen-Kirchen.

Das nach Norden anschließende Kapitel II zeigt Ihnen das Kandertal und das Eggenertal sowie Bad Bellingen mit seinen Ortsteilen im Rheintal.

Mittelpunkt von Kapitel III ist Müllheim mit seinen Ortsteilen. Westlich davon Neuenburg am Rhein, östlich Badenweiler und der Hochblauen. Im Norden und Süden liegen an der B3 jeweils die beiden Weinorte Hügelheim bzw. Auggen.

Thema von Kapitel IV sind die drei alten Städte Sulzburg, Heitersheim und Staufen sowie das Münstertal.

Das am nördlichsten gelegene Kapitel V beschäftigt sich mit Bad Krozingen und seinen Ortsteilen im Rheintal, dem Hexental mit Bollschweil und Sölden, sowie einem Abstecher zum Kloster St. Ulrich, und mit dem Schneckental zwischen Batzenberg und Hochfirst und den Gemeinden Ehrenkirchen, Pfaffenweiler und Ebringen.

Legende

- ⭐ **Veranstaltung, Fest**
- € **Einkaufen**
- 🛏 **Hotel**
- 🏛 **Museum**
- 🍽 **Restaurant**
- 📷 **Sehenswürdigkeit**
- **Wanderung, Rundfahrt**
- ☕ **Café, Bistro**
- **Therme, Wellness**
- 🎭 **Theater, Konzert**
- **Wein, Winzer, Straußenwirtschaft**

Inhaltsverzeichnis

3	Vorwort	
4	Übersichtsplan	
6	Legende	
7	Inhaltsverzeichnis	
9	Kapitel I	Zwischen dem Vorderen Kandertal und Efringen-Kirchen
71	Kapitel II	Zwischen Kandern und Bad Bellingen
121	Kapitel III	Zwischen Neuenburg und Badenweiler
193	Kapitel IV	Zwischen Heitersheim und dem Münstertal
291	Kapitel V	Von Bad Krozingen bis vor die Tore Freiburgs
380	Literaturquellen	
382	Bilderquellen	
383	Impressum	

8

Kapitel I

Zwischen dem Vorderen Kandertal und Efringen-Kirchen

Kapitel I
Zwischen dem Vorderen Kandertal und Efringen-Kirchen

1	S. 14	Binzen - Ortsbild	18	S. 50	Efringen-Kirchen Museum in der Alten Schule
2	S. 16	Binzen - Restaurant Mühle	19	S. 52	Efringen-Kirchen - Walsers Landhotel & Restaurant
3	S. 18	Kandertalbahn	20	S. 54	Efringen-Kirchen Jüdischer Friedhof
4	S. 22	Wittlingen - Ev. Kirche			
5	S. 24	Egerten - Kreiterhof			
6	S. 26	Egerten - Max Böhlen Museum			
7	S. 28	Mappach - Ortsbild	21	S. 56	Efringen-Kirchen - Bezirkskellerei Markgräflerland
8	S. 30	Mappach - Ev. Kirche			
9	S. 32	Wintersweiler - Landschaften	22	S. 60	Egringen - Ortsbild
10	S. 34	Welmlingen - Ortsbild	23	S. 62	Fischingen - Ortsbild
11	S. 36	Blansingen - Peterskirche	24	S. 64	Fischingen - Kirche St. Peter
12	S. 38	Huttingen - Rheinblick und Nikolauskapelle	25	S. 66	Fischingen - Fünfschilling
13	S. 40	Istein - Isteiner Klotz			
14	S. 42	Istein - Ortsbild			
15	S. 44	Istein - Isteiner Schwellen			
16	S. 46	Efringen-Kirchen Panoramaweg Schafberg			
17	S. 48	Efringen-Kirchen Ortsbild			

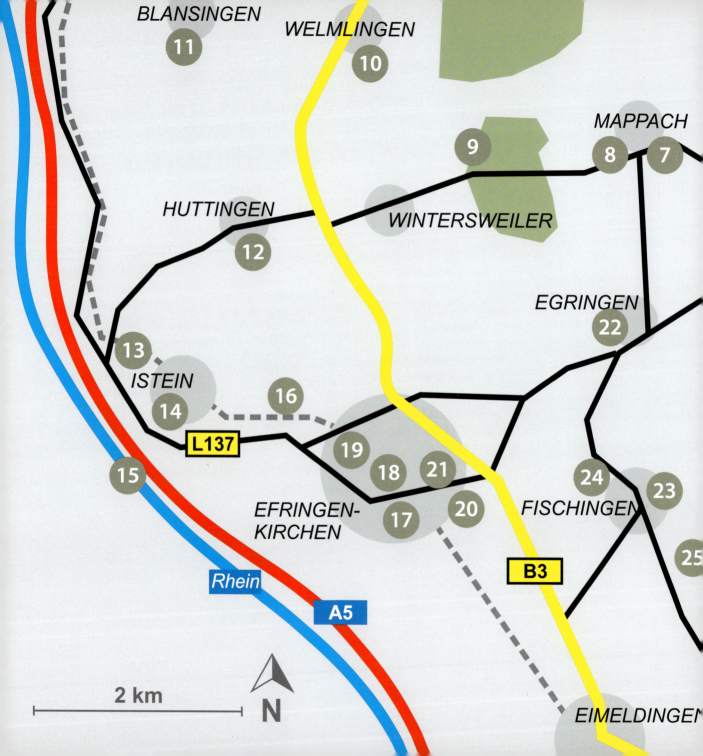

Binzen
Ortsbild

Der erste historische Beleg mit einer Erwähnung Binzens ist ein Kaufvertrag aus dem Jahr 767, der in einer Kopie aus dem 10. Jh. erhalten geblieben ist. Im Mittelalter hatten mehrere Klöster, vor allem aus Basel, aber auch die Benediktinerinnen aus Ottmarsheim, Besitzungen in Binzen. Vom Beginn des 14. bis zum Beginn des 16. Jh. lagen die herrschaftlichen Rechte bei den Grafen von Hachberg-Sausenberg, die auf der nahen Burg Rötteln residierten. Danach gehörte Binzen zur Markgrafschaft Baden.

Ungewöhnlich an Binzen sind seine zwei Herrschaftssitze. Der eine, ein vermutlich zweistöckiges Wasserschloss aus dem 12. Jh., stand am Ufer der Kander. Mitte des 16. Jh. ausgebrannt, wurden seine letzten Reste erst Mitte des 18. Jh. abgebrochen. Heute erinnert nur noch der Straßenname „Schlossgasse" daran. Der andere Herrensitz, der „Freihof", wurde Ende des 16. Jh. errichtet und ist erhalten. Er liegt etwas oberhalb der Kirche St. Laurentius.

Diese wurde bereits zu Beginn des 9. Jh. erstmals urkundlich erwähnt. Ursprünglich vermutlich eine Holzkonstruktion, wurde sie bereits in der Mitte des 9. Jh. durch eine steinerne Basilika ersetzt. In der zweiten Häfte des 19. Jh. erfolgte dann ein Neubau im Weinbrenner-Stil.

Was ?

Schmuckes Rathaus und schöne alte Anwesen auf der Kirchseite der Hauptstraße.
Kirche St. Laurentius im Weinbrenner-Stil.
„Freihof" mit Treppenturm und Wendeltreppe aus Sandstein.

Wann ?

Jederzeit frei zugänglich.
Die Kirche ist geschlossen.
Rückfragen zur Kirchenöffnung:
Pfarramt
Im Freihof 1 (gegenüber der Kirche)
79589 Binzen
Tel. +49-7621-62320
pfarramt@evkirche-binzen.de

Wo ?

Individualverkehr:
Von der A98 über die K6340 in die Hauptstraße und dann in die Kirchstraße.
ÖPNV:
SWEG-Bus Linien 1, 2, 15 und 55, Station Rathaus

Binzen
Hotel Restaurant Mühle

Der Name „Mühle" geht auf eine der ursprünglich drei Binzener Getreidemühlen zurück. Ihre Geschichte kann bis ins frühe 17. Jh. zurückverfolgt werden und sie ist, unmittelbar neben dem Restaurant, noch heute in Betrieb.

In den 20er Jahren des letzten Jahrhunderts eröffnete der Müller die bald sehr beliebte „Markgräfler Weinstube zur Mühle".

1984 übenahm dann der Gastronom Hansjörg Hechler das Anwesen und machte daraus ein führendes Restaurant und Hotel.

Was ?

Eines der führenden Restaurants im Markgräflerland mit mehreren gemütlichen Stuben. Rauchersalon und Bar mit großem Humidor für Zigarrenliebhaber. Pavillon für Veranstaltungen, Feiern und Tagungen. Wunderschöner Sommergarten mit italienischem Ambiente. Hotel mit über 30 Zimmern und Junior-Suiten.

Wann ?

Öffnungszeiten Restaurant:
Mo bis Sa von 12:00 bis 14:00 und von 18:00 bis 22:00
So von 12:00 durchgehend warme Küche bis 20:30.
Öffnungszeiten Hotel:
Täglich geöffnet.
Rezeption 24 Stunden besetzt.
Resevierungen:
Tel. +49-7621-6072
muehle@muehlebinzen.de

Wo ?

Hotel Restaurant Mühle
Mühlenstraße 26
79589 Binzen
Individualverkehr:
Von der A98 über die Anschluß-stellen Eimeldingen oder Kandern nach Binzen, von der Hauptstraße in die Mühlenstraße.
ÖPNV:
SWEG-Bus Linien 1, 2, 15 und 55

Kandertalbahn

Die Kandertalbahn, im Volksmund das „Chanderli", führt über 13 Kilometer von Haltingen im Rheintal mit Stationen in Binzen, Rümmingen, Wittlingen, Wollbach und Hammerstein nach Kandern, wo sich auch die Lok- und Wagenschuppen befinden.

Bereits mit dem Bau der Hauptstrecke zwischen Mannheim und Basel in den 30er Jahren des 19. Jh. gab es erste Überlegungen über eine Nebenbahn nach Kandern, die aber erst gegen Ende des Jahrhunderts realisiert werden konnten. Nach einer Bauzeit von nur 8 Monaten konnte die Strecke 1895 in Betrieb genommen werden.

1983 wurde dann der Bahnbetrieb eingestellt. Die Wiedereröffnung als Museumsbahn erfolgte 1986. Die Fahrt mit einer der klassischen Dampflokomotiven ist ein Riesenspass für Jung und Alt.

Was ?

Fahrt mit einem der Museumszüge von Haltingen nach Kandern und zurück.
Auf der Lokomotive mitfahren.
Eine Führung durch
die Werkstatt und den
Lokschuppen mitmachen.

Wann ?

Betriebszeit:
Jeden So von Anfang Mai bis Ende Okt.
Fahrplan:
unter www.kandertalbahn.de.
Reservierungen:
Tourist-Information Kandern
Tel. +49-7626-972-356
verkehrsamt@kandern.de

Wo ?

Endstation Haltingen:
Individualverkehr:
Von der B3 über den Eimeldinger Weg zum Bahnhof.
ÖPNV:
SWEG-Bus Linie 12, 15 und 55
Station Bahnhof

Wittlingen
Evangelische Kirche

An Stelle der heutigen Kirche standen bereits, wie Fundstücke belegen, ein römisches Bauwerk und eine alemannische Kirche.

Die heutige Kirche wurde in der zweiten Häfte des 18. Jh. im Louis-XVI.-Stil von Wilhelm Jeremias Müller erbaut. Dessen Schwiegersohn, Friedrich Weinbrenner, beeinflusste zusammen mit seinen Schülern nachhaltig den Baustil im Markgräflerland und im Badischen.

Der Altar aus rotem Sandstein stammt von Rudolf Scheurer.

Was ?

Bauwerk mit nachhaltigem Einfluss auf den Markgräfler Baustil. Schöne Ansicht vom Friedhof aus. Innenraum mit Doppelempore. Altar von Rudolf Scheurer.

Wann ?

Tagsüber geöffnet.
Rückfragen zu Öffnungszeiten:
Evang. Pfarramt
Kirchstraße 14
79599 Wittlingen
Di und Do von 08:00 bis 11:00
Tel. +49-7621-84853
ev-wittlingen-schallbach@gmx.de

Wo ?

Individualverkehr:
Von der A98 über die K6354 auf die L134. Im Ort auf die Kirchstraße.
ÖPNV:
SWEG-Bus Linie 2, Station Hirschen

Egerten
Kreiterhof

5

Was?

Bauernhof von 1809. Weinbau mit einer gemütlichen Weinschenke. Obstanbau mit Bauernladen. Verkauf von Weihnachtsbäumen. Skurrile Sammlung alter landwirtschaftlicher Geräte und Tiere. Museum zur 200jährigen Geschichte des Hofes. Kreiterhof-Kulturland-Weg (3 Kilometer Rundweg mit Schautafeln).

Wann?

Weinschenke
von Anfang April bis Weihnachten.
Di, Mi und Do ab 15:00
Fr, Sa und So ab 11:00

Wo?

Individualverkehr:
Auf der L134 bis Wollbach, am nördlichen Ortsende in die Schulstraße, dann über die Postgasse in die Egertenstraße bis zur Ortseinfahrt Egerten.
ÖPNV:
SWEG-Bus Linie 2 und 55, Station Wollbach Bahnhof
Dann zu Fuß ca. 30 Minuten über den Weinberg.

Egerten
Max Böhlen Museum

Der 1902 geborene Berner Maler Max Böhlen lebte von 1939 bis zu seinem Tode 1971 in dem Gebäude, das heute als Max Böhlen Museum Teil des Restaurants Jägerhaus ist.

Das 1995 von seinem Sohn eingerichtete und bis heute gepflegte Museum beinhaltet über 1.500 Werke des zur Schule Ferdinand Hodlers gezählten Künstlers.

Sehenswert sind auch die bezaubernden Ausblicke in den Garten, der den Übergang in das empfehlenswerte Restaurant bildet.

Was ?

Sehenswertes Museum mit zahlreichen Bidern von Max Böhlen. Teilweise noch original eingerichtete Räume.
Schöne Ausblicke auf den wundervollen Garten mit seinen acht Weihern.
Fachkundige Führung durch den jüngsten Sohn Max Böhlens.
Empfehlenswertes Restaurant im Jägerhaus.

Wann ?

Öffnungszeiten:
Mi bis Sa ab   18:30
Mo bis Di   auf Anfrage
Mi bis Sa vor 18:30 auf Anfrage
So   vor 12:30 auf Anfrage
Jan und Aug Ferien
Anfragen zu Besichtigungen:
Rest. Tel. +49-7626-8715
Mus. Tel. +49-7626-7650
info@restaurant-jaegerhaus.de

Wo ?

Wollbachstraße 24-30
79400 Kandern-Egerten
Individualverkehr:
Auf der L134 bis Wollbach, am nördlichen Ortsende in die Schulstraße, dann über die Postgasse in die Egertenstraße durch Egerten.
ÖPNV:
SWEG-Bus Linie 2 und 55, Station Wollbach Bahnhof.
Dann zu Fuß über den Weinberg.

Mappach
Ortsbild

Was ?

Die ersten historischen Quellen Mappachs gehen auf das 9. Jh. zurück. Heute ist Mappach mit seinen rund 500 Einwohnern ein Ortsteil von Efringen-Kirchen.
Alte Fachwerkhäuser und malerische Ansichten lohnen einen Spaziergang.

Wann ?

Jederzeit frei zugänglich.

Wo ?

Individualverkehr:
Zufahrt von der B3 über die K6322.

ÖPNV:
SWEG-Bus Linie 1

Mappach
Evangelische Kirche

Im Jahr 874 verlieh der Abt von St. Gallen einem gewissen Maneliub und seinen Söhnen Pachtgüter in Wittlingen und Binzen, die für dieses Lehen Zins an die Kirche in „Madebach" zu bezahlen hatten.

Die Kirche muss, Ausgrabungen zufolge, bereits in der ersten Hälfte des 9. Jh. bestanden haben.

Der heute noch stehende Turm wurde im 14. Jh. erbaut. Das Langhaus ist ein Neubau im Weinbrenner-Stil von 1830.

Die Wandgemälde im Untergeschoß des Turms sind dem ehemaligen Ortsherrn, Arnold von Rotberg, zu verdanken, bzw. der Geburt seines Sohnes, der nach zehnjährigen Bemühungen der Eltern 1498 zur Welt kam. Der dankbare Vater stiftete dazu einen Bilderzyklus, passenderweise mit Szenen aus dem Leben der heiligen Joachim und Anna, den Eltern der Gottesmutter Maria.

Auffallend sind die emsig kommunizierenden Apostel, charakterisiert durch lange Spruchbänder.

Im Turmraum befindet sich auch eine typische Markgräfler Anordnung: Über einer Grabnische, die früher eine Darstellung des Leichnams Christi enthalten hat, befindet sich die Sakramentsnische, in der Hostien und Kelch aufbewahrt wurden.

Was?

Wandgemälde mit Darstellungen aus dem Anna-Zyklus.
Sollte einer Ihrer Gesprächspartner einmal zuviel reden, so stellen Sie sich einfach dazu die Spruchbänder der Mappacher Apostel vor. Sie werden merken, es entspannt.

Wann?

Rückfragen zu Öffnungszeiten:
Pfarramt
Fischinger Straße 12
79588 Egringen
Tel. +49-7628-361
pfarramt@kirchengemeinde-online.de
Mi und Do von 09:00 bis 12:00

Wo?

Individualverkehr:
Die Kirche liegt an der K 6324, der Alten Poststraße, im Ortskern von Mappach.
Zufahrt von der B3 über die K6322.
ÖPNV:
SWEG-Bus Linie 1

Wintersweiler Landschaften

Was ?

Malerische Kulturlandschaft am Katzenberg zwischen Wintersweiler und Mappach mit schönen Ausblicken auf den Schwarzwald und den Hochblauen.

Wann ?

Jederzeit frei zugänglich.

Wo ?

Individualverkehr:
Von der B3 über die K6322 nach Wintersweiler und weiter über den Katzenberg nach Mappach.
ÖPNV:
SWEG-Bus Linie 15
nach Wintersweiler.
SWEG-Bus Linie 1
nach Mappach.

Welmlingen Ortsbild

Die erste urkundliche Erwähnung des Ortes findet sich in einer Schenkungsurkunde an das Kloster St. Blasien aus dem frühen 12. Jh..

Seit dem 14. Jh. lag die Gerichtsbarkeit bei der Herrschaft Rötteln. Der Ort hatte mehere Grund- und Zehntherren, neben verschiedenen Klöstern gehörten auch die Deutschordenskommende in Basel und Beuggen dazu.

Heute gehört Welmlingen, in dem rund 500 Menschen leben, als Ortsteil zu Efringen-Kirchen.

Was?

Malerischer Ortskern mit viel Blumen und mit Häusern aus der Mitte des 16. Jh..
„Milchhüsli", erbaut als Waschhäuschen im 19. Jh. direkt am Lettenbach, in der 2. Hälfte des letzten Jahrhunderts als Milchsammelstelle genutzt.
Es lohnt ein Spaziergang durch das Dorf.

Wann?

Außen jederzeit frei zugänglich.

Wo?

Individualverkehr:
Von der B3, die durch Welmlingen führt, über die Alte Landstraße auf den Brunnenplatz.
ÖPNV:
SWEG-Bus Linie 15

Blansingen
Peterskirche

An Stelle der Peterskirche stand wahrscheinlich bereits im frühen 7. Jh. eine merowingische Kirche mit Friedhof, auch wurden bei Grabungen Überreste eines römischen Steinbaus, vermutlich eines Gutshofes, entdeckt. Dies mag die ungewöhnliche, aber malerische Lage außerhalb des Ortskerns erklären.

Der heutige Bau stammt aus der Mitte des 15.Jh., ebenso wie die gut erhaltenen Wandbilder in Secco-Technik - das ist Malerei auf trockenen Putz - die wir zwei unbekannten Basler Meistern verdanken. Die Wandbilder wurden 1924 wieder entdeckt und 1953 restauriert. Sie gehören zu den schönsten Werken mittelalterlicher Kunst am Oberrhein.

Die Westwand zeigt das Jüngste Gericht mit dem riesigen Maul des Höllendrachens, die Südwand das Martyrium von Peter und Paul, die Nordwand die Erlösungsgeschichte und die Ostwand die Klugen und die Törichten Jungfrauen.

Was ?

Malerisch außerhalb des Dorfes gelegen. Schöner Blick auf die Kirche von der Einmündung des Kirchhofweges in die K 6320. Bilderzyklen an den vier Wänden, die zu den schönsten Werken mittelalterlicher Kunst am Oberrhein gehören.

Wann ?

Von Ostern bis Mitte Oktober täglich geöffnet.
Rückfragen zu Öffnungszeiten:
Pfarramt Blansingen
Franklenweg 15
79588 Efringen-Kirchen
Tel. +49-7628-1302
blansingen@ekima.info

Wo ?

Die Kirche liegt ca. 500 Meter östlich des Ortskerns von Blansingen am Kirchhofweg.
Individualverkehr:
Von der B3 aus erfolgt die Zufahrt über die K 6320.
ÖPNV:
SWEG-Bus Linie 15

Huttingen
Rheinblick und Nikolauskapelle

Was?

Schöner Ausblick auf Basel und das Rheintal vom Sportplatz Rheinblick.
Besuch eines Obstbauern.
Reste der 1900 erbauten und 1914 zu Beginn des 1. Weltkrieges aus militärischen Gründen gesprengten St. Nikolauskapelle.

Wann?

Jederzeit frei zugänglich.

Wo?

Individualverkehr:
Von der B3 über die K6321 nach Huttingen. Den Ort durchqueren und der Beschilderung Sportgaststätte Rheinblick folgen.
Von dort Spaziergänge zum Aussichtspunkt, zum Obstbauern und zur Kapelle.
ÖPNV:
SWEG-Bus Linie 15

Istein
Isteiner Klotz

Das Gebiet des Isteiner Klotzes war bereits in der Jungsteinzeit um ca. 4.000 v.Ch. Schauplatz eines Bergbaus zur Gewinnung von Feuerstein aus Jaspis.

Zu Beginn des 15. Jh. wurden zwei Burgen, die auf dem Isteiner Klotz standen, von den Baslern bei einer Auseinandersetzung mit den Habsburgern beschossen, teilweise unterminiert und schließlich geschliffen. Die Steinquader verwendeten die Basler sinniger Weise für den Bau des Riehener Tors in Basel.

Vor den beiden Weltkriegen wurde jeweils mit dem Bau von unterirdischen Festungen begonnen, die nach Kriegsende jeweils zerstört werden mußten. Dabei nahm auch der Berg erheblichen Schaden. Er war wohl kein glücklicher Ort für Festungen.

Heute beherbergt der Isteiner Klotz ein ca. 25 Hektar großes Naturschutzgebiet mit Trockenwaldformationen und ist, als einer der heißesten Plätze Deutschlands, ein Refugium für Pflanzen und Tiere aus der nacheiszeitlichen Warmzeit, wie zum Beispiel der Gottesanbeterin.

An der Felsnase des Klotzes, oberhalb des Isteiner Friedhofes, kann die Vituskapelle besucht werden. Sie ist nach dem hl. Vitus benannt, dem Nothelfer gegen die auch „Veitstanz" genannte Erkrankung Chorea Huntington.

Was ?

Vituskapelle besuchen. Wanderung durch das Naturschutzgebiet mit seltenen Orchideenarten, Schmetterlingen und der Gottesanbeterin.

Wann ?

Das Naturschutzgebiet ist, auf den dafür vorgesehenen Wegen, jederzeit frei zugänglich.
Die Vituskapelle ist von Frühjahr bis Herbst von 09:00-18:00 zugänglich, für Führungen wendet man sich an die Ortsverwaltung.
+49-7628-351
Mo von   09:00-11:00
Di   von   18:00-20:00
Fr   von   08:30-11:30

Wo ?

Individualverkehr:
Zugang zur Vituskapelle vom Parkplatz an der L 137.
Für den Isteiner Klotz nutzt man die Treppe, die vom Vorplatz der Isteiner Kirche in die Weinberge führt und geht dann oberhalb der Eisenbahn entlang des Hangs durch die Weinberge zum Klotz.
ÖPNV:
SWEG-Bus Linie 15
DB-Bahn Station Istein

Istein
Ortsbild

Wie die Überreste einer Siedlung aus der Zeit der Urnenfeldkultur belegen, war Istein schon um 800 v.Ch. besiedelt, auch die Römer hatten dort vermutlich ein Lager.

Urkundlich erwähnt wurde Istein erstmals 1139 als Eigentum des Fürstbistums Basel. Das blieb es auch, dank einer gewonnenen Auseinandersetzung mit den Habsburgern Anfang des 15. Jh., bis zu Beginn des 19. Jh., dann kam der Ort im Rahmen der napoleonischen Neuordnungen an die Markgrafschaft Baden.

Vor der Rheinkorrektur im 19. Jh. war Istein ein unmittelbar am Rhein gelegenes Fischerdorf. Davon zeugen noch bei einigen Häusern die hohen Untergeschoße zum abstellen der Boote, zum Beispiel bei dem Haus „Arche" von 1553, sowie die alten Fischerhäuschen am ehemaligen Rheinufer.

Der alte Ortskern von Istein erinnert mit seinen steilen Gässchen und dem reichen Blumenschmuck an italienische Bergdörfer und steht seit 1974 als Ensemble unter Denkmalschutz.

Neben der „Arche" gehören der „Scholerhof", das „Chänzeli" mit seinem Erker, das „Freystadt Schlößli" an Stelle des alten Dinghofs der Basler Bischöfe und das „Schenkenschlössli" unterhalb der Kirche zu den Sehenswürdigkeiten Isteins.

Was ?

Durch den denkmalgeschützten Ortskern bummeln und das Flair italienischer Bergdörfer genießen. Kunst und Kitsch in den Vorgärten bewundern.
Zum Schenkenschlössli und zur Kirche St.Michael hochgehen.

Wann ?

Jederzeit frei zugänglich.

Für Führungen wendet man sich an die Ortsverwaltung
+49-7628-351
Mo von 09:00-11:00
Di   von 18:00-20:00
Fr   von 08:30-11:30

Wo ?

Individualverkehr:
Zufahrten von der L 137 südlich oder nördlich des Ortskerns über die Neue Straße.
ÖPNV:
SWEG-Bus Linie 15
DB-Bahn Station Istein

Istein
Isteiner Schwellen

Die Felsrippen der Isteiner Schwellen sind Ausläufer des Isteiner Klotzes. Vor der Rheinregulierung Mitte des 19. Jh. lagen sie ca. 7 Meter unter der Wasseroberfläche und waren mit ihren tückischen Wasserwirbeln ein gefürchtetes Hindernis für die Rheinschifffahrt. Wiederholt kam es zu schweren Schiffsunglücken mit zahlreichen Toten.

Aber auch nach der Rheinregulierung blieben die Schwellen ein Schifffahrtshindernis, das erst durch den ab 1928 erfolgten Bau des Rheinseitenkanals umschifft werden konnte.

Heute sind die Schwellen ein beliebtes Naherholungs- und Badegebiet am Altrhein, auch für FKK-Anhänger. Seit 2006 sind sie auch ein nationales Geotop.

Die Uferlandschaft im Bereich der Schwellen wird seit 2009 zu einem naturnahen Rückhaltebecken umgestaltet, das die Hochwassersituation am Unterlauf des Rheins verbessern soll. Die Arbeiten sollen bis 2018 abgeschlossen werden.

Was ?

Aussicht von der Besucherplattform mit schönen Rheinblicken.
Rheinlehrpfad entlang des Altrheins bis zum Stauwehr Märkt spazieren.
Bei heissem Wetter im kühlen Altrhein baden.
Abgeschliffene Rheinkiesel aller Größen für den Vorgarten oder den Blumentopf sammeln.

Wann ?

Jederzeit frei zugänglich, sofern die Zufahrten unter der A5 nicht wegen Hochwasser gesperrt sind.

Wo ?

Individualverkehr:
Von der L 137 sowohl von Istein als auch von Efringen-Kirchen aus erreichbar.
Wegen der Bauarbeiten für das Rückhaltebecken können die Zufahrts- und Zugangsmöglichkeiten zeitweise eingeschränkt sein.
ÖPNV:
SWEG-Bus Linie 15
DB-Bahn Station Istein

Efringen-Kirchen Panoramaweg Schafberg

Was?

Rundweg durch die Weinberge des Schafbergs mit 3,6 Kilometern Länge, 110 Metern Höhenunterschied und schönen Ausblicken ins Rheintal und mit zahlreichen Schautafeln. Der Panoramaweg gehört zum Wii-Wegli, das von Weil am Rhein bis Freiburg führt.

Wann?

Jederzeit frei zugänglich.

Wo?

Individualverkehr:
Von der B3 über die K6323 kurz vor der Bahnunterquerung in Im Ölgarten abzweigen, dann in Engetalstraße, dort parken. Zu Fuß den Gehrenweg dem Schild Wii-Wegli folgen.
ÖPNV:
SWEG-Bus Linie 15, Station Bahnhof

Efringen-Kirchen Ortsbild

Während sich Kirchen seinen Charakter als altes Weinbauerndorf weitgehend erhalten hat, wird Efringen von modernen Bauten, wie zum Beispiel dem Rathaus, geprägt.

1942 zusammengelegt und 1974 um Blansingen, Egringen, Huttingen, Istein, Kleinkems, Mappach, Welmlingen und Wintersweiler erweitert, bildet Efringen-Kirchen heute mit über 8.000 Einwohnern die größte südwestlichste Gemeinde Deutschlands.

Was ?

Spaziergang durch den Ortsteil Kirchen mit seinen historischen Bauten. Christuskirche mit mittelalterlichem Turm. Altes Rathaus von Kirchen. Elternhaus von Friedrich Rotta, einem der badischen Revolutionäre von 1848 und späterem Mitglied des Badischen Landtages, heute Gasthof „Zum Anker".

Wann ?

Jederzeit frei zugänglich.

Wo ?

Individualverkehr:
Von der B3 über die B137, dann ins Zentum von Kirchen links über die Friedrich-Rottra-Straße und ins Zentrum von Efringen rechts über die Hauptstraße.
ÖPNV:
SWEG-Bus Linie 15
Station Altes Rathaus für Kirchen.
Station Hauptstraße für Efringen.
DB-Bahn, Station Efringen-Kirchen.

Efringen-Kirchen
Museum in der Alten Schule

Das alte Schulhaus von 1912 enthält eine Ausstellung zur lokalen Historie mit Darstellungen zum Alltagsleben der Menschen. Themen sind zum Beispiel die Landwirtschaft, die Küferei (Fassbinderei), die Rheinfischerei sowie Kleidung und Ernährung.

Ein besonderes Kapitel der Ausstellung widmet sich der Vermessung. 1756 wurde Efringen im Auftrag der Markgrafschaft Baden-Durlach vermessen und ein Gemarkungsplan erstellt. Die damalige Maßeinheit war die Rute mit ca. 3,66 Meter Länge. Das Museum zeigt, neben Plänen und Vermessungsgeräten, die letzte erhaltene Rutenmeßlatte.

Ein weiterer Schwerpunkt des Museums ist die Darstellung des jungsteinzeitlichen Jaspis-Bergbaus. Jaspis ist ein in Knollen vorkommender Feuerstein, der um ca. 4.000 v.Chr. als Waffe und Werkzeug genutzt wurde.

Was ?

Modell des Jaspisbergbaus zur Gewinnung von Feuerstein. Die Vermessung Efringens mit Hilfe der Rutenmeßlatte. Anschauliche Darstellungen, wie die Markgräfler im 18. und 19. Jahrhundert gelebt haben.

Wann ?

Öffnungszeiten:
Mi von 14:00-17:00
So von 14:00-17:00

Führungen:
auf Anfrage unter
+49-7628-8205

Wo ?

Nikolaus-Däublin-Weg 2
79588 Efringen-Kirchen
+49-7628-8205
museum@efringen-kirchen.de
Individualverkehr:
Von der B3 oder der L137 über die K6323 in die Bahnhofstraße und den Nikolaus-Däublin-Weg.
ÖPNV:
SWEG-Bus Linie 15, Station Bahnhof
DB-Bahn Station Efringen-Kirchen

Efringen-Kirchen
Walsers Landhotel & Restaurant

Als Mitte des 19. Jh. die Eisenbahnverbindung zwischen Karlsruhe und dem Badischen Bahnhof in Basel fertiggestellt wurde, führte das nicht nur zu einer Verlagerung der Verkehrswege und zur Einstellung der seit fast 200 Jahren bestehenden Thurn und Taxisschen Reichspostlinie mit ihren Pferdekutschen.

Orte an den Bahnstationen, wie Efringen, gewannen plötzlich an wirtschaftlicher Bedeutung und an Gästen, insbesondere aus dem nahen Basel. Zahlreiche Schweizer nutzten die günstige Verkehrsverbindung und strömten ins Markgräflerland und seine Gaststuben, kommt Ihnen das bekannt vor?

So entstand 1869 auch in Efringen-Kirchen ein Gasthaus am Bahnhof, das von Basel aus in nur wenigen Minuten erreichbar war und ist.

2007 übernahm die Familie Walser das Anwesen, erweiterte es um einen hellen und freundlichen Wintergarten sowie um ein nahe gelegenes Landhotel und entwickelte das Restaurant zu einem Feinschmeckertreff der Regio.

Was ?

Ausgezeichnetes Restaurant mit regionaler und saisonaler Küche. Gemütliche Geträume sowie ein heller und freundlicher Wintergarten.
Großer Gewölbekeller für Veranstaltungen und Feiern.
Im Sommer lädt der schattige Kastaniengarten ein.
Zwanzig moderne Zimmer und Suiten für Übernachtungen.

Wann ?

Öffnungszeiten:
Täglich geöffnet.
Küchenzeiten
Do bis Di von 12:00 bis 14:00
und   von 17:30 bis 21:30
Mi   von 17:30 bis 21:30
Anfragen:
Tel. +49-7628-8055244
willkommen@walsers-hotel.de
www.walsers-hotel.de

Wo ?

Bahnhofstraße 34
79588 Efringen-Kirchen
Individualverkehr:
Von der B3 über die K6323 in die Bahnhofsstraße.
ÖPNV:
SWEG-Bus Linie 15
DB-Bahn, Station Efringen-Kirchen.
Mit der Bahn ist das Restaurant nur etwa 10 Minuten vom Badischen Bahnhof entfernt, ausprobieren.

Efringen-Kirchen
Jüdischer Friedhof

20

Was ?

Die ersten jüdischen Bürger kamen aus dem Schweizer Dornach und ließen sich 1737 in Kirchen nieder. Der Friedhof wurde 1865 angelegt. Sehr schöne Lage unter Kastanienbäumen.

Wann ?

Das Friedhofstor ist abgeschlossen. Der Schlüssel liegt im Rathaus von Efringen-Kirchen, Hauptstraße 26.
Öffnungszeiten:
Mo, Di, Mi und Fr 08:00-12:00
Do 08:00-12:30 und 14:00-19:00
+49-7628-806-0
Da der Friedhof relativ klein ist und die Mauer niedrig, kann er auch von außen gut eingesehen werden.

Wo ?

Individualverkehr:
Von der B3 am Kreisel Gewerbegebiet Efringen-Kirchen Richtung Efringen-Kirchen abbiegen und über Im Mantelacker und Beim Breitenstein bis an die südwestliche Ecke des Gewerbegebietes fahren, dann nach rechts einen kurzen Fußweg nehmen.
ÖPNV:
SWEG-Bus Linie 15,
Station Rathaus

Efringen-Kirchen
Bezirkskellerei Markgräflerland

Die Bezirkskellerei Markgräflerland ist mit etwa 940 Hektar Rebfläche der größte Erzeugerbetrieb im Markgräflerland. Sie steht für die gelungene Verbindung von Tradition und Innovation.

Mit der Hauptsorte Gutedel ist die Bezirkskellerei der größte Gutedel-Erzeuger Deutschlands. Daneben sind noch Spätburgunder und weitere Edelsorten im Anbau.

Die Markgräflerin, das Signet der Bezirkskellerei, ist das Symbol des Markgräflerlandes.

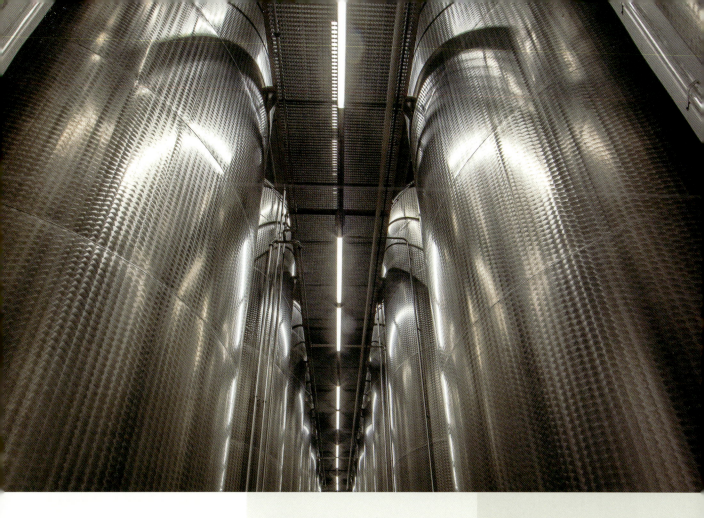

Was ?

Größter Weinerzeuger im Markgräflerland mit rund 14 Millionen Flaschen pro Jahr.
Einladende Vinothek zum Einkauf für Privatverbraucher.
Schöne alte Holzkeller und imposante Stahltankkeller mit modernster Technologie.
Weinmärkte in Efringen-Kirchen, Ballrechten-Dottingen, Ehrenstetten, Kirchhofen und Basel.

Wann ?

Öffnungszeiten Deutschland:
Mo bis Fr von 09:00 bis 12:30
und   von 13:30 bis 18:00
Sa   von 09:00 bis 13:00

Öffnungszeiten Basel:
Mo bis Fr von 11:00 bis 13:00
und   von 15:00 bis 18:00
Sa   von 10:00 bis 14:00

Kontakt und Anfragen:
Tel. +49-7628-91140
info@bezirkskellerei.de

Wo ?

79588 **Efringen-Kirchen**
Winzerstraße 2
79282 **Ballrechten-Dottingen**
Weinstraße 2a
79238 **Ehrenkirchen-Ehrenstetten**
Kirchbergstraße 9
79238 **Ehrenkirchen-Kirchhofen**
Herrenstraße 11
Wyhuus am Rhy
Offenburgerstrasse 41
CH-4057 Basel

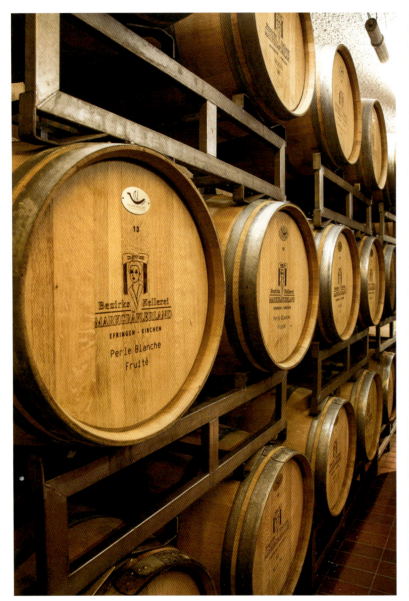

Egringen
Ortsbild

Was ?

Der heutige Ortsteil von Efringen-Kirchen geht auf die Mitte des 8. Jh. zurück, die ältesten Teile der St. Gallus Kirche auf das 13. Jh. Sehenswert sind auch die Zehntscheuer, früher ein Armenspital der Stadt Basel, das Gebäuder der Ortsverwaltung und viel Idylle.

Wann ?

Jederzeit frei zugänglich.

Wo ?

Individualverkehr:
Zufahrt von der B3 über die K6351.
ÖPNV:
SWEG-Bus Linie 1, Station Rathaus

Fischingen
Ortsbild

Die rund 700 Einwohner Fischingens leben in der flächenmässig drittkleinsten Gemeinde Baden-Württtenbergs.

Die Siedlung wurde vermutlich bereits im 3. oder 4. Jh. gegründet. Die erste urkundliche Erwähnung geht auf das Jahr 772 zurück.

Obwohl Fischingen in seinem Wappen einen silbernen Fisch führt, hat der Name wohl nichts mit Fischen zu tun, der Rhein ist ja auch ein Stück weg und markante Bäche gibt es auch nicht. Vermutlich war ein Fisko oder Fiskin der ursprüngliche Namenspatron.

Was ?

Spaziergang durch das Dorf mit seinen Fachwerkhäusern und den rustikalen Höfen, die vom Weinbau geprägt sind.
Streifzug durch die Weinberge oberhalb von Fischingen mit schönen Rundwegen und Ausblicken ins Rheintal.

Wann ?

Jederzeit frei zugänglich.

Wo ?

Individualverkehr:
Von der B3 über die K6325.
ÖPNV:
SWEG-Bus Linie 1

Fischingen
Kirche St. Peter

Die erste Kirche an dieser Stelle wurde vermutlich im 6. oder 7. Jh. auf den Resten eines römischen Gebäudes errichtet, eine damals nicht unübliche Praxis, die der Kirche half, die Gläubigen von den römisch-gallischen Gottheiten zum Christentum zu führen. Das heutige Langhaus entstand im 13. Jh., Chor und Turm im 16. Jh..

Bei Renovierungsarbeiten wurde 1934 ein umfangreicher Bilderzyklus entdeckt, der wahrscheinlich im 15. Jh. unter Beteiligung von drei Künstlern entstanden ist. Die obere Reihe enthält Darstellungen aus dem Alten Testament, beginnend mit der Erschaffung der Tiere und des Menschen. Die untere Reihe zeigt Szenen aus dem Neuen Testament, besonders eindrucksvoll das Abendmahl, der Kuss des Judas sowie dessen Selbstmord.

Was ?

Zwei der sehenswertesten Bilderzyklen des Markgräflerlandes. Der obere Zyklus zeigt Szenen aus dem Alten Testament, der untere Zyklus aus dem Neuen Testament. Rechts neben der Eingangstür die Legende des hl. Alexius.
Die Orgel von Xaver Bernauer entstand 1810/11 und steht unter Denkmalschutz.

Wann ?

Die Kirchentüre ist ausserhalb der Gottesdienstzeiten versperrt.
Für Besichtigungen:
Ev. Pfarramt
Dorfstraße 14
79591 Eimeldingen
Tel. +49-7621-62584
evpfarramteimeldingen@ekima.info

Wo ?

Individualverkehr:
Von der B3 über die K6325 nach Fischingen, dann nach links ca. 300 Meter über die Dorfstraße.
ÖPNV:
SWEG-Bus Linie 1

Fischingen
Fünfschilling

Als Stefan Fünfschilling vor 16 Jahren seine Straussenwirtschaft in Fischingen eröffnete, erwartete er wohl nicht, dass einmal rund 200 Mitarbeiter täglich etwa 1.500 Kunden betreuen würden.

Grundlage dieses Erfolges ist eine geschickte Kombination von Wirtschaft und Bauernladen. In der Wirtschaft sorgen jährlich 6 bis 7 wechselnde Speisekarten für einen saisonalen Charakter der Küche.

Besonders erfreuen sich die reichhaltige Frühstückskarte und die große Auswahl an hausgemachten Kuchen, Torten und Speiseeis großer Beliebtheit.

Weitere Anziehungspunkte sind der attraktive Bauernladen und der Kinderspielplatz für die kleinen Gäste.

Seit 2007 betreibt Fünfschilling sein eigenes Weingut mit Reblagen aus dem Markgräflerland. Heute werden 15 Weine, 5 Sekte, Schnäpse und Liköre angeboten. Der besondere Stolz ist der Black Sekt, ausgebaut im klassischen Verfahren der Flaschengärung. Der große Weinkeller bietet ausreichend Platz für Betriebsfeiern und für Kellerführungen.

Was ?

Wirtschaft mit saisonal wechselnder Karte. Reichhaltiges Frühstücksangebot. Attraktiver Kinderspielplatz. Bauernmarkt mit eigenen Produkten und in Zusammenarbeit mit regionalen Zulieferern. Großes Angebot an eigenen Weinen, Sekten, Schnäpsen und Likören. Weinkeller für Betriebsfeiern, Weinproben und Kellerführungen.

Wann ?

Öffnungszeiten Wirtschaft:
Mo bis Sa	von 08:00 bis 24:00
Frühstück	von 08:00 bis 14:00
Happy-Hour	von 11:30 bis 13:30
Warme Küche	von 11:30 bis 22:00
Öffnungszeiten Bauernladen:
Mo bis Sa	von 08:00 bis 22:00
Anfragen:
Tel. +49-7628-9423670
info@fuenfschilling.de
www.fuenfschilling.de

Wo ?

Fünfschilling
Binzener Straße 1
79592 Fischingen
Individualverkehr:
Von der B3 über die Eimeldinger Straße/K6325 in die Fischinger Dorfstraße, von dort in die Binzener Straße.
ÖPNV:
SWEG-Bus Linie 1

Kapitel II

Zwischen Kandern und Bad Bellingen

Kapitel II
Zwischen Kandern und Bad Bellingen

26	S. 74	Holzen - Ortsbild	41	S. 106	Schliengen Weingut Blankenhorn
27	S. 76	Holzen - Storchengehege	42	S. 108	Bad Bellingen - Kurpark
28	S. 78	Holzen - Drehorgelwerkstatt	43	S. 110	Bad Bellingen Balinea Therme
29	S. 80	Kandern - August-Macke-Weg	44	S. 112	Bad Bellingen - St. Leodegar
30	S. 82	Kandern Heimat- und Keramikmuseum	45	S. 114	Bamlach Bäder- & Heimatmuseum
31	S. 84	Kandern - Pferdemarkt	46	S. 116	Bamlach Renaissance-Grabmäler
32	S. 86	Kandern - Töpfermarkt	47	S. 118	Rheinweiler - Schloss
33	S. 88	Kandern Golfclub Markgräflerland			
34	S. 90	Sitzenkirch Kirche St. Hilarius			
35	S. 92	Kandern - Sausenburg			
36	S. 94	Schloss Bürgeln			
37	S. 98	Eggenertal - Kirschblüte			
38	S. 100	Niedereggenen - Kirche			
39	S. 102	Liel - Kirche St. Vinzenz			
40	S. 104	Mauchen Lämmlin-Schindler Weingut und Gasthaus zur Krone			

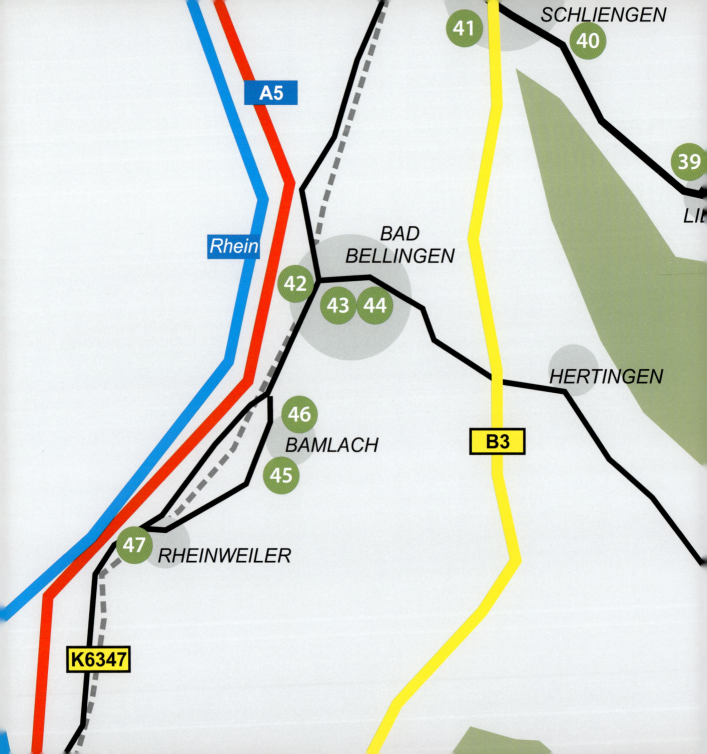

Holzen
Ortsbild

Was ?

Alte, gepflegte Bauernhäuser.
Gemütliche Wirtshäuser mit bodenständiger Küche.
Sehenswerte Kunstateliers.
Neugierige Tiere.
Pittoreske Anblicke und gelegentlich auch Kitsch.
In jedem Fall einen Spaziergang wert.

Wann ?

Jederzeit frei zugänglich.

Wo ?

Individualverkehr:
Zufahrt von der L 134 bei Hammerstein über die K 6319 oder von Tannenkirch über die K 6318.
ÖPNV:
SWEG-Bus Linie 1

Holzen
Storchengehege

Bis 1977 verbrachten regelmäßig Störche, wenn auch in immer geringerer Zahl, ihren Sommer in Holzen, für den Winter zogen sie nach Afrika. 1977 blieb dann auch der letzte Storch aus. Die Gemeinde beschloss dann die Wiederansiedlung der Störche, besorgte 6 Storchenpaare aus Altreu, einem Storchengehege im schweizerischen Solothurn und richtete unweit der Kirche ein Storchengehege ein.

Heute leben wieder über 30 Störche in Holzen, dank der täglichen Fütterung auch im Winter, wer fliegt schon ohne Not. Nur von den jährlich etwa 40 Jungstörchen sind einige abenteuerlustig und ziehen aus dem Markgräflerland ins ferne Afrika, so sind sie, die Kinder.

Finanziert wird das Storchengehege durch Spenden und das Storchenfest.

Was ?

Storchengehege mit zahlreichen Nestern im und in der Umgebung des Geheges.
Sehenswert vor allem im Mai und Juni, wenn die jungen Störche schlüpfen und erste Flugversuche unternehmen.

Wann ?

Täglich frei zugänglich.
Fütterung um 17:00 im Sommer und um 16:00 im Winter.
Storchenfest alle zwei Jahre in den ungeraden Jahren. Das genaue Datum erkundet man über www.holzen-online.de (Organisation>Storchengehege>Veranstalltungen).

Wo ?

Storchengehege Holzen
Storchenweg 10
79540 Kandern-Holzen
ca. 100 Meter von der Kirche
Tel. +49-7626-972356

Holzen Drehorgelwerkstatt

Der Bau von Drehorgeln geht auf das 17. Jh. zurück und erreichte seine Blütezeit im 19. und frühen 20. Jh.. Heute beherrschen nur noch wenige Handwerker diese Kunst. Einer der Letzten ist Hansjörg Leible in Holzen, der seit über 30 Jahren hölzerne Drehorgeln mit handgeschnitzten und beweglichen Holzfiguren herstellt. Auf der Walze sind jeweils sechs bis sieben Melodien durch bis zu 2.500 Metallstifte „programmiert".

Die Herstellung einer Drehorgel erfordert die Teamleistung von Konstrukteur, Holzschnitzer, Orgelbauer, Puppenmacher und Musiker mit zusammen mehr als 1.500 Arbeitsstunden und dauert ca. zehn Monate, entsprechend liegen die Preise im Bereich eines PKW`s der Golfklasse.

Drehorgeln aus dem Hause Leible findet man beim Storchengehege und im Gasthof Hirschen in Holzen, im Spielzeugmuseum in Riehen oder in der Löwen-Apotheke in Kandern.

An der Hauswand des Leibleschen Anwesens befindet sich ein blaues Fenster. Dahinter wartet eine Hexe auf den Einwurf von 50 Cent, um mal auf Hochdeutsch, mal im urigsten Markgräflerisch ihre Sprüche zumbesten zu geben.

Was ?

Eine der letzten Werkstätten für Drehorgeln.
Entlocken Sie der blauen Hexe mit 50 Cent ihre Sprüche.
Für weitere Drehorgeln besuchen Sie das Storchengehege und den Gasthof Hirschen in Holzen und die Löwen-Apotheke in Kandern.

Wann ?

Die Hexe ist jederzeit frei zugänglich.
Herr Leible nur nach vorheriger Terminvereinbarung:
+49-7626-7613
h.leible@t-online.de
www.magic-mechanical-music.de

Wo ?

MUSIK & SPIEL Hansjörg Leible
Kirchstraße 2
7843 Kandern-Holzen
Individualverkehr:
Im Zentrum gegenüber dem Gasthof Hirschen.
ÖPNV:
SWEG-Bus Linie 1, Station Rathaus

Kandern
August-Macke-Weg

August Macke war einer der bekanntesten deutschen Maler des Expressionismus und Mitglied der Künstlergruppe Blauer Reiter.

Geboren 1887 verbrachte er viel Zeit bei seiner Schwester Auguste in Kandern, die dort den Kronenwirten geheiratet hatte. So kann man auf zahlreichen seiner Gemälde Motive aus Kandern finden. Eines davon mit dem Titel „Knabe auf dem flachen Dach" befindet sich im Kandener Heimat- und Keramikmuseum. Im Herbst 1914 fiel der erst 27jährige Macke zu Beginn des Ersten Weltkrieges in Frankreich.

Der August-Macke-Rundweg zeigt auf 10 Schautafeln Bilder und Texte zum Leben August Mackes und seiner besonderen Beziehung zu Kandern, wie zum Beispiel die Straße mit Kirche oder den Friedhof, auf dem seine Schwester und Mutter begraben sind.

Was?

Ca. einstündiger Rundgang mit 10 Stationen zum Leben und Werk August Mackes und seine besondere Beziehung zu Kandern.
Zugleich ein schöner Rundgang, um die wichtigsten Sehenswürdigkeiten Kanderns kennenzulernen.

Wann?

Jederzeit frei zugänglich.

Wo?

Der Rundweg beginnt an der Tourist-Info Kandern.
Hauptstraße 18
79400 Kandern
Individualverkehr:
Von der L134 über die Hammersteiner Straße in die L132, dann zurück in die Hauptstraße.
ÖPNV:
SWEG-Bus Linie 4 und
Will-Bus Linie 264,
Station Blumenplatz

Kandern
Heimat- und Keramikmuseum

Dank reichhaltiger Tongruben blickt Kandern auf eine lange Töpfertradition zurück. Bis zum Ende des 19. Jh. stellten die Hafner Gebrauchskeramik wie Geschirr und Dachziegel her. Daraus ging unter dem Wegbereiter Max Laeuger die Kunsttöpferei hervor, die noch heute in Kandern durch zahlreiche Werkstätten vertreten ist.

Das Heimat- und Keramikmuseum ist in einem Staffelgiebelhaus aus dem 16. Jh. untergebracht und zeigt neben jährlichen Sonderausstellungen einen guten Überblick sowohl über die Keramik der Hafner wie auch über die Kunsttöpferei. Im Heimatmuseum findet man zahlreiche Exponate zur Geschichte Kanderns. Das bekannteste Exponat ist eine Kopie der „Goldenen Sau von Kandern", ein Trinkgefäß vom Beginn des 17. Jh..

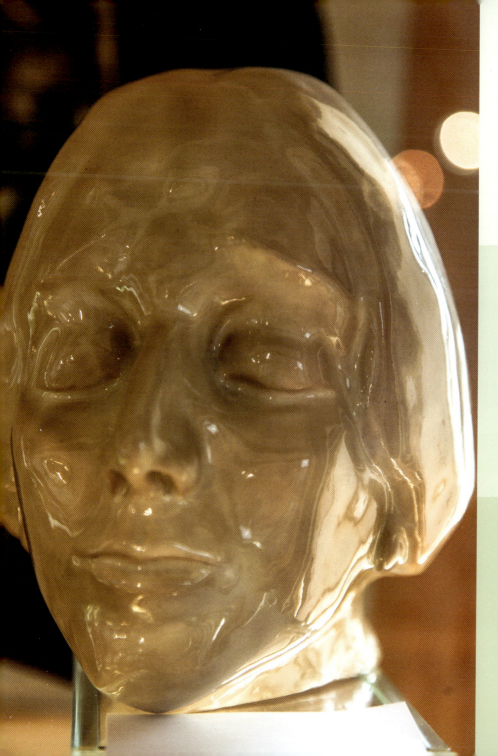

Was ?

Staffelgiebelhaus aus dem 16. Jh. Gebrauchskeramik der Hafner. Kunsttöpferei, insbesondere die Werke Max Laeugers. Heimatmuseum mit Exponaten zur Geschichte Kanderns. „Goldene Sau von Kandern". Bild von August Macke.

Wann ?

Öffnungszeiten:
Anfang Apr bis Ende Okt.
Mi von 15:00 bis 17:30
So von 10:00 bis 12:30 und
    von 14:00 bis 16:00
Führungen für Gruppen
Tel. +49-7626-9729955
kustos@museum-kandern.de
oder Tourist-Info
Tel. +49-7626-972356
verkehrsamt@kandern.de

Wo ?

Ziegelstraße 30
79400 Kandern
Individualverkehr:
Über die L134 nach Kandern, dann über die Blauenstraße und Feuerbacherstraße in die Ziegelstraße.
ÖPNV:
SWEG-Bus Linie 4,
Station Blumenplatz

Kandern Pferdemarkt

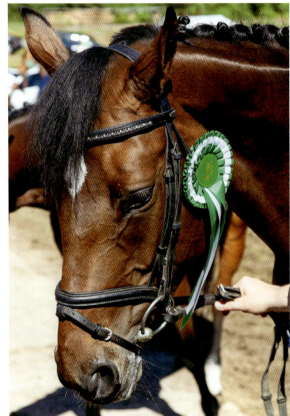

Was ?

Der Kandener Pferdemarkt blickt auf eine mehr als 80-jährige Tradition zurück. Das 4-tägige Fest mit Bieranstich, Festgottesdienst, sportlichen Reitveranstaltungen, einem Budenfest und dem eigentlichen „Rossmärt", bei dem Pferde und Ponys gehandelt werden, ist das wichtigste Fest im Kandener Jahresreigen für Jung und Alt.

Wann ?

Anfang September. Nach dem genauen Datum erkundigt man sich am besten bei der Touristen Information Kandern:
Hauptstraße 18
79400 Kandern
Tel.+49-7626-972356
verkehrsamt@kandern.de
www.kandern.de

Wo ?

Der Pferdemarkt und die Reitturniere finden In Der Aue statt, zwischen der Hammersteinerstraße (L 134) und der Kandertalbahn gelegen, ca. ein Kilometer vom Zentrum in Richtung Lörrach. Zugang über An der Kander und Papierweg.
Das Budenfest findet auf dem zentral gelegenen Blumenplatz statt.

Kandern
Töpfermarkt

32

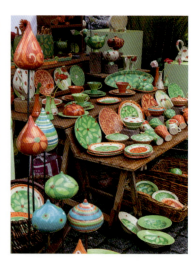

Was ?

Mehrtägiger Markt für Töpferwaren mit Ausstellern aus Kandern und Umgebung, aber auch aus ganz Deutschland und dem Ausland.
Die Töpferei hat in Kandern eine lange Tradition, früher für Gebrauchsgeschirr und Ofenkacheln, heute liegt der Schwerpunkt auf der Kunstkeramik.

Wann ?

Mitte September. Das genaue Datum erfahren Sie am besten bei der Touristen Information Kandern:
Hauptstraße 18
79400 Kandern
Tel. +49-7626-972356
verkehrsamt@kandern.de
www.kandern.de

Wo ?

Am Blumenplatz im Zentrum Kanderns.
Individualverkehr:
L134 von Schliengen oder von Lörrach.
ÖPNV:
SWEG-Bus Linie 2
SWEG-Bus Linie 55
SWEG-Bus Linie 4
Jeweils Station Blumenplatz

Kandern
Golfclub Markgräflerland

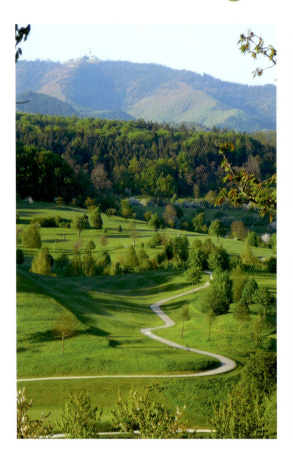

Was ?

Der Golfclub Markgräflerland ist ein anspruchsvoller 18 Loch Meisterschaftsplatz. Als Privatclub gewährleistet er ein kultiviertes Clubleben, regelmäßige Turniere und schöne gesellschaftliche Anlässe. Die großzügigen Fairways, teilweise vom Golfplatzarchitekten Bradford Benz entworfen, erlauben traumhafte Ausblicke über Golfplatz und Landschaft.

Wann ?

Saison von Mär bis Ende Nov.
Maximales Hcp 36,
an Wochenenden 30.
Sekretariat:
Geöffnet von 08:30 bis 18:30
Tel. +49-7626-977990
info@gc-mk.com
Gastronomie:
+49-7626-1262
Pro-Shop:
+49-7627-9779912

Wo ?

GC Markgräflerland
Feuerbacher Straße 35
79400 Kandern
Individualverkehr:
Von der B3 in Schliengen über die L134 nach Kandern. Die Einfahrt zum Golfplatz liegt linker Hand am Ortseingang von Kandern.

Sitzenkirch
Kirche St. Hilarius

Der Legende nach erteilte einer der Herren von Kaltenbach, dem Stiftergeschlecht von Kloster und Kirche, seiner Frau und seiner Tochter die Anweisung „Sitz in d`Kirch". Auch das keltische Wort „sizen" für „klein" ist ein möglicher Namenspatron und würde auf eine sehr frühe Kirchengründung bereits im 3. Jh. hindeuten. Der wahrscheinlichste Namensgeber war vermutlich ein christlicher Siedler Namens Siegesmund oder Siegfried mit dem abgekürzten Kosenamen „Sitz".

Die erste urkundliche Erwähnung des Klosters erfolgte Mitte des 12. Jh.. Kirche und Kloster gehörten zum Stift St. Blasien. Die jetzige Kirche entstand 1290 und war dem hl. Hilarius geweiht. Das Kloster wurde von den Markgrafen von Hachberg-Sausenberg, den Herren der über Sitzenkirch thronenden Sausenburg und späteren Markgrafen zu Rötteln, gefördert, von denen einige auch in der Kirche beigesetzt sind.

Daran erinnert der prächtige Grabstein des 1384 verstorbenen Markgrafen Otto, ein heraldisches Kunstwerk mit dem Rötteler und Hachbergwappen.

Im Zuge der Bauernkriege wurde das Kloster 1525 von markgräfler Bauern zerstört, die Nonnen flohen nach Basel. Nur eine kehrte zurück und heiratete den Verwalter.

Was ?

Schön gelegene romanische Kirche . Sehenswerter Grabstein des Markgrafen Otto. Lohnenswerter Spaziergang über den Friedhof.

Wann ?

Rückfrage zu Öffnungszeiten:
Pfarramt Malsburg
Paradiesbuck 13
79429 Malsburg-Marzell
+49-7626-7677
pfarramt@malsburg-kirche.de
Di von 16:00 bis 18:00
Do von 10:00 bis 12:00

Wo ?

Individualverkehr:
Sitzenkich liegt an der L 132 ca. 3 Kilometer nördlich von Kandern. Die Kirche liegt in Sitzenkirch an der K 6313, ca. 60 Meter nach deren Abzweigung von der L 132 Richtung Käsacker.
ÖPNV:
Will-Bus Linie 264

Kandern
Sausenburg

Die Burg wird in der ersten Hälfte des 13. Jh. auf dem 668 Meter hohen Sausenberg nach dem Grundriß der Burg Zähringen in Freiburg erbaut.

Zu Beginn des 14. Jh. erben die Sausenberger die Burg Rötteln und verlegen ihre Residenz dorthin, ein Burgvogt bleit zurück.

1444 erhält Markgraf Rudolf IV unter anderem die Sausenburg als Geschenk, die Geburtsstunde des Markgräflerlandes.

1678 wird die Burg von den Franzosen zerstört, ebenso wie Rötteln und Badenweiler.

Was ?

Ca. 1 Kilometer langer Waldweg vom Wanderparkplatz bis zur Burg, anfangs flach mit schönen Aussichten, letztes Stück etwas steil.
Tolle Aussicht vom Turm über das Margräflerland und den Schwarzwald.
Schöne Ausblicke auf Landschaft und Burg von der Straße Kandern-Vogelbach-Käsacker-Sitzenkirch.

Wann ?

Jederzeit frei zugänglich.

Wo ?

Individualverkehr:
Über die L134 nach Kandern, weiter über die K6350 Richtung Malsburg. Nach ca. 2 Kilometer links die K6312 Richtung Vogelbach bis zum Wanderparkplatz, dann der Beschilderung folgen.
ÖPNV:
SWEG-Bus Linie 4
Station Vogelbacher Straße, danach zu Fuß über die K6312

Schloss Bürgeln

Schon Johann Peter Hebel wußte: „Z`Bürgle uf der Höh`, nei was cha me seh", und tatsächlich ist der Ausblick ins Rheintal spektakulär.

Anfang des 12. Jh. errichtete das Kloster St. Blasien hier eine klösterliche Niederlassung. Nach der Zerstörung im Dreißigjährigen Krieg entstand in der zweiten Hälfte des 18. Jh. der heutige Barockbau. Baumeister war Franz Anton Bagnato.

Die Veredelung der Anlage mit den wundeschönen Gartenanlagen, der Freitreppe und vor allem der wertvollen Innenausstattung erfolgte durch Richard Sichler, einem wohlhabenden Mäzen, der das Schloss von 1920 bis 1956 als Domizil vom Bürgelnbund gepachtet hatte.

Heute kann das Schloss im Rahmen einer knapp einstündigen Führung besichtigt werden. Die schlosseigene Kapelle kann für Hochzeiten und Taufen gemietet werden. Ebenso der Festsaal für Veranstaltungen und Feiern. Im Schlossrestaurant kann man sich kulinarisch verwöhnen lassen.

Was ?

Schöner Blick ins Rheintal.
Spaziergänge ins Umland.
Umrunden der Schlossanlage
mit ihren mächtigen Mauern.
Wunderschöne Gartenanlagen.
Führung durch die
prächtigen Innenräume.

Wann ?

Schlossführungen:
Mär bis Okt
täglich um 11, 12, 14, 15 und 16:00
Nov bis Feb
Sa und So um 14, 15 und 16:00
und nach Vereinbarung
Tel. +49-7626-237
direktion@schlossbuergeln.de
Restaurant:
Di bis So von 11:30 bis 22:00
Tel. +49-7626-293

Wo ?

Schloss Bürgeln
79418 Schliengen
www.schlossbuergeln.de
Individualverkehr:
Von Kandern über die L132 und
K6343. Von Schliengen über die
L134, K6316, K3642, L132 und
K6343.
ÖPNV:
Will-Bus Linie 264 bis Sitzenkirch,
dann zu Fuß

Eggenertal Kirschblüte

Das Eggenertal mit den Orten Niedereggenen und Obereggenen ist eine alte Kulturlandschaft. Auf Grund der schweren Böden und der klimatisch günstigen Lage zum Rheintal und der Burgundischen Pforte ist es ein ideales Kirschenanbaugebiet.

Ursprünglich wurde der Streuobstanbau mit Hochstammbäumen und Lesung von Hand kultiviert. Dabei dominierten die klassischen Sorten wie die „Markgräfler Süßkirsche", der Rohstoff für das Schwarzwälder Kirschwasser, oder die „Markgräfler Kracher", schwarz, würzig und süß, die ihren Namen der festen Haut und dem entsprechenden Bissgeräusch verdanken.

In den letzten Jahrzehnten wurde der Streuobstanbau zunehmend durch Plantagen mit Nieder- und Halbstammbäumen ersetzt, die maschinell abgeerntet werden. Dabei kommen neue Sorten zum Einsatz und die Verwertung durch die Marmelade- und Saftindustrie gewinnt an Bedeutung.

Besonders sehenswert ist das Eggenertal zur Zeit der Kirschblüte, die üblicherweise im April stattfindet. Die Früchte können dann im Juni und Juli genossen werden, aber bitte vom Bauernmarkt.

Was?

Malerische Landschaft mit schönen Ausblicken. Zur Zeit der Kirschblüte ein weisses Blütenmeer.
2,5 Kilometer Obstlehrpfad zwischen Obereggenen und dem Wanderparkplatz Stelli.
2,9 Kilometer Panoramaweg zwischen den Wanderparkplätzen Stelli und St.-Johannis-Breite.

Wann?

Die Kirschblüte ist nur an wenigen Tagen zu sehen, üblicherweise im April. Informationen zum genauen Zeitpunkt erhält man über das „**Blütentelefon**":
Tel. +49-7635-8249649
www.blütentelefon.de

Wo?

Individualverkehr:
Auf der K 6316 zwischen Liel und Obereggenen. Bester Blick auf das Tal von der K 6342 und K 4984 zwischen Obereggenen und Feldberg. Der Wanderparkplatz Stelli liegt an der Straße von Niereggenen nach Feuerbach.
ÖPNV:
Will-Bus Linie 264

Niedereggenen Kirche

Der untere Teil des Turms stammt aus dem späten 10. oder frühen 11. Jh. und hatte wohl die Funktion eines Wehrturms. Damit gehört der Turm zusammen mit St. Cyriak in Sulzburg zu den ältesten Kirchenbauten im Markgräflerland.

In der romanischen Zeit wurde der Turm, vermutlich im späten 12. Jh., aufgestockt. Mitte des 15. Jh. wurde das Langhaus erneuert und um einen Chor mit Rippengewölbe erweitert. Finanziert wurde der Bau durch Ablasszahlungen.

Das Langhaus ist mit drei Reihen Fresken geschmückt. Die oberste Reihe zeigt die Erschaffung der Welt. Die Fensterzone die Erlösungsgeschichte und über der Tür eine große Christophorus-Darstellung. Die untere Zone stellt die Erzählung nach der Auferstehung dar.

Was ?

Eine der ältesten Kirchen des Markgräflerlandes in malerischer Lage.
Chor mit Rippengewölben. Freskenzyklen im Langhaus, besonders gut erhalten sind die Kreuztragung und der hl. Christophorus.
Predella als letzter Rest eines spätgotischen Hochaltars.

Wann ?

Öffnungszeiten:
Täglich von morgens bis in den späten Nachmittag geöffnet. In den Wintermonaten auf Anfrage.
Rückfragen zu Öffnungszeiten:
Pfarrbüro
Schulstraße 8
79418 Schliengen
Tel. +49-7635-409
buero@kirche-im-eggenertal.de

Wo ?

Individualverkehr:
Von der K 6316 aus der Richtung Schliengen/Liel kommend am Ortseingang von Niedereggenen nach links in die Weinbergstraße und dann sofort wieder links in die Schulstraße.
ÖPNV:
Will-Bus Linie 264

Liel
Kirche St. Vinzenz

Die Kirche hat eine ungewöhnliche Lage am Ortsrand. Dies mag damit zusammenhängen, dass es im 10. Jh. zwei Kirchen in Liel gab, eine im Zentrum für das Volk und eine am Ortsrand beim zwischenzeitlich verschwundenen Schloss.

Der untere Teil des Turms ist spätromanisch, die Turmhalle aus dem 14. Jh. mit ihrem Kreuzgewölbe ist gotisch und die Begräbniskapelle der Herren von Baden mit ihrer bemalten Holzdecke stammt aus der Mitte des 16. Jh.. Die Decke zeigt den heiligen Geist als Taube inmitten von Engelsköpfen, Reben und Blüten. Die Umrahmung der Grabnische mit den Frauen, die Salbgefäße halten, gehört zu den schönsten Wandbildern im Markgräfler Land.

Das barock anmutende Deckengemälde im Langhaus stellt Maria als Beschützerin des Dorfes Liel dar. Die Engelchen mit den Körben voller Trauben erinnern an die reiche Weinernte von 1922, die die Einwohner von Liel zur Spende dieses Deckengemäldes veranlasst hat.

Was ?

Schön am Ortsrand von Liel gelegene Kirche.
Gotische Turmhalle .
Begräbniskapelle der Herren von Baden mit bemalter Holzdecke.
Eines der schönsten markgräfler Wandbilder.
Pseudobarock als Dank für eine reiche Weinernte.

Wann ?

Öffnungszeiten:
Tagsüber geöffnet.
Rückfragen zu Öffnungszeiten:
Pfarrsekretariat
Freiburgerstraße 4
79418 Schliengen
Tel. +49-7635-824478-0
pfarramt@st-leodegar.de
Di   von 16:00 bis 18:00
Mi und Fr   von 10:00 bis 12:00

Wo ?

Individualverkehr:
Auf der L 134 (Hauptstraße) von Schliengen kommend am Ortsende von Liel in die Kirchstraße.
ÖPNV:
SWEG-Bus Linie 4
Um in die Turmhalle und Begräbniskapelle zu kommen geht man außen am Langhaus vorbei und nutzt eine Tür am Turmfuß.

Mauchen
Lämmlin-Schindler
Weingut und Gasthaus zur Krone

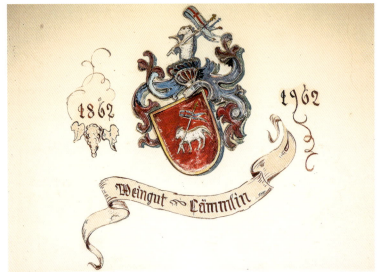

Was ?

Das Weingut Lämmlin-Schindler hat sich dem ökologischen Weinbau verschrieben und bietet neben leichten, filigranen Weißweinen vor allem weithin bekannte Spätburgunder an.

Das zugehörige Gasthaus zur Krone serviert in der 150 Jahre alten gemütlichen Gaststube markgräfler Landküche aus regionalen Produkten.

Wann ?

Weingut Lämmlin-Schindler:
Mo bis Sa von 09:00 bis 12:00
Mo bis Fr von 14:00 bis 18:00
Sa   von 14:00 bis 16:30
Tel. +49-7635-440
weingut@laemmlin-schindler.de
www.laemmlin-schindler.de
Gasthaus zur Krone:
Mi bis So von 11:00 bis 23:00
Tel. +49-7635-9899
info@krone-mauchen.de

Wo ?

Müllheimer Straße
Weingut Nr.4 / Krone Nr.6
79418 Schliengen-Mauchen
Individualverkehr:
Von der B3 in Schliengen über die L134, die Schwarzwaldstraße und die Leonhard-Müller-Straße in die Müllheimer Straße.
ÖPNV:
Will-Bus Linie 264

Schliengen
Weingut Blankenhorn

Seit der Mitte des 18. Jh. befand sich an Stelle des heutigen Weingutes eine Poststation der Thurn und Taxisschen Reichspost, in der vor dem Schliengener Berg von 4 auf 8 Pferde umgespannt wurde. Die schönen Kreuzgewölbe des Kellers sind erhalten und dienen heute als Holzfasskeller.

Mit der Entwicklung des Eisenbahnnetzes wurde die Poststation überflüssig und so erwarb 1847 Johann Friedrich Blankenhorn, ein Verwandter des Müllheimer Weinpapstes Dr. Adolph Blankenhorn, das Anwesen und baute es zum Weingut um, das dann über fünf Generationen von seinen Nachkommen bewirtschaftet wurde.

Da niemand aus der Familie den Betrieb weiterführen wollte, übernahm ihn 2014 der gelernte Jurist Martin Männer und erfüllte sich damit seinen Lebenstraum.

Derzeit wird das Weingut kräftig umgestaltet und strategisch neu ausgerichtet. Ziel ist ein Erlebnisweingut, in dem man nicht nur kaufen sondern auch vieles über den Anbau und die Herstellung von Wein erfahren soll.

Was?

Gebäude und Weinkeller mit schönen Kreuzgewölben, deren Geschichte bis in die Mitte des 18. Jh. zurückreicht.
Mehr als anderthalb Jahrhunderte Tradition im Weinbau.
Schwerpunkt auf Gutedel und Burgundersorten.

Wann?

Öffnungszeiten:
Mo bis Fr von 08:00 bis 12:00
und   von 14:00 bis 18:00
Sa   von 09:00 bis 13:00
Anfragen:
Tel. +49-7635-8200-0
info@gutedel.de
www.gutedel.de

Wo?

Individualverkehr:
Das Weingut liegt unmittelbar an der B3 im Ortskern von Schliengen, gegenüber dem Gasthof Sonne.
ÖPNV:
SWEG-Bus Linie 4 und Linie 15
Will-Bus Linie 264
DB-Bahn Station Schliengen

Bad Bellingen
Kurpark

42

Was ?

Weitläufiger Kurpark mit See, Skulpturen, Spazierwegen und sommerlichen Freiluftkonzerten.
Originelle Abenteuerminigolfanlage mit Attraktionen der Regio als Hindernisse.
Barfußpark zur Massage der Fußsohlen.

Wann ?

Kurpark und Barfußpark sind jederzeit frei zugänglich.
Die Abenteuerminigolfanlage ist täglich von 11:00 bis 18:00 geöffnet.

Wo ?

Individualverkehr:
Von der A5 oder der B3 an den jeweiligen Anschlußstellen Efringen-Kirchen auf die L137. Über die Ausfahrt Bad Bellingen Mitte nach rechts auf den Parkplatz des Kurhauses.
ÖPNV:
SWEG-Bus Linie 15 und Linie 4, Station Thermalbad.
DB-Bahn, Station Bad Bellingen

Bad Bellingen
Balinea Therme

Die Balinea Therme bietet mit zwei Außen- und einem Innenbecken sowie einem Nativpool eine Gesamtwasserfläche von über tausend Quadratmeter. Dazu kommen zahlreiche Wasserattraktionen wie Strömungskanal, Luftsprudelliegen, Bodensprudler, Wassertretanlagen und ein großzügiger Ruhebereich.

Im Sauna-Park und der Balinea Wellnesswelt kann man sich verwöhnen lassen und genießt Ayurveda, die Fitbar, den Coiffeur oder die Beauty-Anwendungen. Zu den Highlights der Balinea Therme gehört die Totes-Meer-Salzgrotte, sie befreit die Atemwege, beruhigt die Haut und entspannt die Seele.

Was ?

Zwei Außen- und ein Innenbecken mit über eintausend Quadratmetern Wasserfläche. Zahlreiche Wasserattraktionen. Sauna-Park und entspannende Balinea Wellness-Welt. Ayurveda, Fitbar, Coifffeur und Beauty-Anwendungen. Totes-Meer-Salzgrotte mit heilsamem Mikroklima.

Wann ?

Öffnungszeiten
Mineral-Thermalbad:
Täglich von 10:00 bis 22:00
Sauna-Park:
Täglich von 10:00 bis 22:00
Einmal im Monat lange Saunanacht mit wechselnden Themen von 19:00 bis 01:00
Auskünfte:
Tel. +49-7635-8080
www.bad-bellingen.de

Wo ?

Balinea Therme
Bade- und Kurverwaltung GmbH
Badstraße 14
79415 Bad Bellingen
Individualverkehr:
Von der A5 an der Anschlußstelle Efringen-Kirchen auf die L137, dann über die K6341 nach Bad Bellingen Mitte.
ÖPNV:
SWEG-Bus Linie 4 und Linie 15

Bad Bellingen
St. Leodegar

Die erste Erwähnung von St. Leodegar stammt aus dem späten 13. Jh.. Zu Beginn des 17. Jh. erhielt die Kirche einen neuen Chor im spätgotischen Stil und Ende des 18. Jh. wurden Turm und Langhaus abgerissen und durch barocke Neubauten ersetzt. St. Leodegar ist damit eine der wenigen barocken Kirchen und auch eines der wenigen katholischen Gotteshäuser im Markgräflerland.

Sehenswert sind im Inneren vor allem der barocke Hochaltar, ebenfalls aus dem späten 18. Jh., mit zwei Gemälden von Simon Göser, der auch die jeweils oberen Gemälde für die beiden Seitenaltäre geschaffen hat. Die unteren Bilder der beiden Seitenaltäre mit der Darstellung des hl. Sebastian und der Beweinung Christi sind Werke des Tessiner Malers Jakob Pelandella.

Was ?

Eine der wenigen barocken Kirchen im Markgräflerland.
Schöner Blick vom Friedhof aus.
Sehenswerter Barockaltar.

Wann ?

Tagsüber geöffnet.
Rückfragen zu Öffnungszeiten:
Pfarramt St. Leodegar Schliengen .
Freiburger Straße 4
79418 Schliengen
+49-7635-824478-0

Wo ?

Individualverkehr:
Von der K6347 nach Bad Bellingen Mitte abbiegen. Durch die Badstraße und dann links die Rheinstraße ins Oberdorf fahren. Dort links in die Markus Ruf Straße abbiegen. Die Kirche befindet sich unmittelbar nach der Bahnunterführung.
ÖPNV:
SWEG-Bus Linie 15,
Station Hertinger Straße
DB-Bahn, Station Bad Bellingen

Bamlach
Bäder- & Heimatmuseum

Das Museum ist in einem alten Staffelgiebelhaus von 1602 untergebracht und zeigt auf vier Stockwerken eine Fülle sehenswerter Exponate.

Im Bereich Bädermuseum wird die Geschichte der Badekultur von der Zeit der Römer über die mittelalterlichen Badstuben bis hin zur Kurbadkultur des 19. Jh. erläutert. Dargestellt sind auch die Entdeckung der Thermalquellen von Badenweiler im Jahr 1955 als Nebenprodukt erfolgloser Erdölbohrungen, sowie der hölzerne Weinzuber, der als erstes Thermalbad von Badenweiler diente.

Der Bereich Heimatmuseum zeigt unter anderem neben zahlreichen Gerätschaften zum Thema Wein auch eine Kopie der ältesten deutschen Rebordnung, die das Schweizer Benediktinerkloster Muri für den Ort erlassen hatte. Offensichtlich war man mit der Qualität des abgelieferten Weins nicht so recht zufrieden.

Auch Exponate zur Schnapsbrennerei sind ausgestellt, schließlich hat Sixtus Baltasar Schladerer bereits 1790 Schnaps in Bamlach gebrannt, eine Tradition, die seine Nachfahren bis heute in Staufen fortführen.

Das Heimatmuseum zeigt auch eine Schmiede aus dem 19. Jh., die aus über 500 Einzelteilen originalgetreu wieder aufgebaut wurde und voll funktionstüchtig ist.

Was?

Geschichte der Thermalquelle mit zahlreichen Exponaten zur Bäderkultur.
Älteste deutsche Rebordnung.
Ursprung der Schnapsbrennerei Schladerer.
Schmiede aus dem 19. Jh.

Wann?

Öffnungszeiten:
Mi und So von 14:00-17:00.
Führungen:
Auch außerhalb der Öffnungszeiten, nach Vereinbarung.
Oberrheinisches
Bäder- & Heimatmuseum
Alte Weinstraße 25
79415 Bad Bellingen-Bamlach
www.baedermuseum.de
Tel. +49-7635-822160

Wo?

Individualverkehr:
In Rheinweiler von der K 6347 in die Straße zur Bahnunterführung abbiegen. Unmittelbar nach der Bahnunterführung links abbiegen und der Bamlacher Straße entlang der Bahn folgen, dann weiter in die Alte Wein Straße.
ÖPNV:
SWEG-Bus Linie 15
DB-Bahn, Station Rheinweiler

Bamlach
Renaissance-Grabmäler

Der Turm der katholischen Kirche St. Petrus und Paulus stammt aus dem 14. oder 15. Jh. und ist damit der älteste erhaltene Bauteil der Kirche. Ende des 19. Jh. wurde ein neues Langhaus im neugotischen Stil angebaut.

In der Turmhalle der Kirche stehen zu beiden Seiten des Eingangs die Renaissance-Grabmäler von Wolf Sigmund von Rotberg, dem damaligen Herrn von Bamlach und Rheinweiler, gestorben 1591 und von seiner Gemahlin Esther von Schönau, gestorben 1586.

Diese Grabmäler sind außergewöhnlich, da die meisten Renaissance-Bildwerke im Markgräflerland während des 30jährigen Krieges zerstört wurden. Sie befinden sich im Vorraum zum Kirchenschiff und sind gelentlich etwas von Schautafeln verstellt.

Was?

Eine der wenigen gut erhaltenen Renaissance-Bildwerke im Markgräflerland.
Malerische Gesamtanlage mit Friedhof und Pfarrhaus.
Spaziergang über den Friedhof mit interessanten Epitaphen an der Friedhofsmauer

Wann?

Öffnungszeiten:
Tagsüber geöffnet.
Rückfragen zu Öffnungszeiten:
Pfarrsekretariat
Freiburgerstraße 4
79418 Schliengen
Tel. +49-7635-824478-0
pfarramt@st-leodegar.de
Di   von 16:00 bis 18:00
Mi und Fr von 10:00 bis 12:00

Wo?

Individualverkehr:
In Rheinweiler von der K 6347 in die Straße zur Bahnunterführung abbiegen. Nach der Unterführung links und der Bamlacher Straße entlang der Bahn folgen, dann weiter in die Alte Wein Straße. Von dort rechts in das Schafgässle einbiegen und in die Kirchstraße fahren.
ÖPNV:
SWEG-Bus Linie 15
DB-Bahn, Station Rheinweiler

Rheinweiler Schloss

Die Stammburg der Rotbergs liegt südlich von Basel und wurde bei dem großen Erdbeben von 1356 zerstört. In der Folge etablierte sich die Familie im Basler Stadtadel, einer von ihnen wurde sogar Basler Bischof.

Sie kauften die reichsfreien, d.h. nur dem Kaiser dienstbaren Dörfer Rheinweiler und Bamlach, in denen sie jeweils ein Schloss errichteten. Das Bamlacher Schloss wurde 1974 abgerissen und durch einen Neubau ersetzt.

Das ursprüngliche Schloss zu Rheinweiler, das angeblich über soviel Fenster verfügte wie das Jahr Tage hat, wurde 1676 von den Franzosen zerstört und 1715 durch ein Barockschloss ersetzt. 1928 wurde das Schloss vom Landkreis übernommen und dient seither als Altenheim.

Was ?

Rundturm mit dem Wappen der Rotbergs.
Rundgang entlang der Front zur Rhein-/Autobahnseite.
Besuch der seitlich stehenden ehemalige Schlosskapelle.

Wann ?

Außen jederzeit frei zugänglich.
Für Besuche der **Innenräume**:
Pflegeheim Schloss Rheinweiler
Schlossstraße 1
79415 Bad Bellingen
Tel. +49-7635-3136-0
phsrw@loerrach-landkreis.de

Wo ?

Individualverkehr:
In Rheinweiler von der K 6347 in die Schlossstraße abbiegen.
ÖPNV:
SWEG-Bus Linie 15, Station Rheinweiler Ort.
DB-Bahn: Station Rheinweiler

120

Kapitel III

Zwischen Neuenburg und Badenweiler

Kapitel III
Zwischen Neuenburg und Badenweiler

48	S. 126	Neuenburg am Rhein Erinnerungen
49	S. 128	Neuenburg am Rhein Museum für Stadtgeschichte
50	S. 130	Neuenburg am Rhein Brunnen
51	S. 132	Neuenburg am Rhein Märkte
52	S. 134	Neuenburg - am Rhein
53	S. 136	Neuenburg am Rhein Heilig-Kreuz-Kapelle
54	S. 138	Auggen - Ortsbild
55	S. 140	Auggen - Winzerfest
56	S. 142	Winzerkeller Auggener Schäf
57	S. 144	Vögisheim - Ortsbild
58	S. 146	Feldberg Ortsbild
59	S. 148	Hochblauen
60	S. 150	Badenweiler - Kurpark
61	S. 152	Badenweiler - Burg Baden
62	S. 154	Badenweiler - Ev. Kirche
63	S. 156	Badenweiler - Römerbad
64	S. 158	Niederweiler - Ortsbild
65	S. 160	Müllheim - Markgräfler Platz
66	S. 162	Müllheim - Martinskirche
67	S. 164	Müllheim - Marktplatz
68	S. 166	Müllheim Markgräfler Museum
69	S. 168	Müllheim Familie Blankenhorn
70	S. 170	Müllheim - Mühlenweg
71	S. 172	Müllheim - Frickmühle
72	S. 174	Müllheim - Alter Friedhof
73	S. 176	Müllheim - Weingut Engler
74	S. 178	Müllheim Weingut Dörflinger
75	S. 182	Müllheim - Zunzingen Etikettenmuseum
76	S. 184	Britzingen - Ortsbild
77	S. 186	Hügelheim - Ortsbild
78	S. 188	Hügelheim - Chortumkirche
79	S. 190	Hügelheim Winzergenossenschaft

Neuenburg am Rhein
Erinnerungen

Neuenburg am Rhein wurde 1175 von Berthold IV. von Zähringen gegründet und wurde 1219 durch Kaiser Friedrich I. Barbarossa zur Reichsstadt erhoben. Von 1331 bis ins frühe 19. Jh. gehörte die Stadt zu den Besitzungen der Habsburger.

Mit einer Längsachse von 510 Metern gehört Neuenburg zu den größten Gründungsstädten der Zähringer, zu denen unter anderem auch Bern, Fribourg, Villingen und Freiburg gehören. Die Stadt lag unmittelbar am Rhein an einem Stromübergang und diese strategisch günstige Verkehrslage förderte ihr rasches Wachstum, sie sollte später aber auch ihr Unheil werden.

Das große gotische Liebfrauenmünster wurde im 13. Jh. erbaut und war prachtvoll ausgestattet. 1525 wurden durch ein Hochwasser des Rheins der größte Teil des Münsters und mit ihm der westliche Teil der Stadt weggerissen. Vom Münster blieben nur Teile des Chors stehen. Ein Lageplan dokumentiert eindrucksvoll den Verlauf des heutigen Hochufers und den Grundriss der mittelalterlichen Stadt. An den Standort des Münsters erinnert eine Statue des hl. Nepomuk.

Der vom Hochwasser verschont gebliebene Baubestand wurde in den folgenden Kriegen (Dreißigjähriger Krieg, Holländischer Krieg, Spanischer Erbfolgekrieg) restlos zerstört. Der Fluch der strategischen Lage. Im 2. Weltkrieg war Neuenburg am Rhein die erste Deutsche Stadt, die bereits 1940 durch französischen Artilleriebeschuß fast völlig zerstört wurde. Ein gotisches Steinkruzifix hat das alles überlebt, wenn auch mit einigen Blessuren durch den Beschuss.

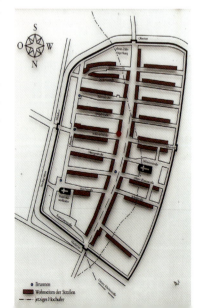

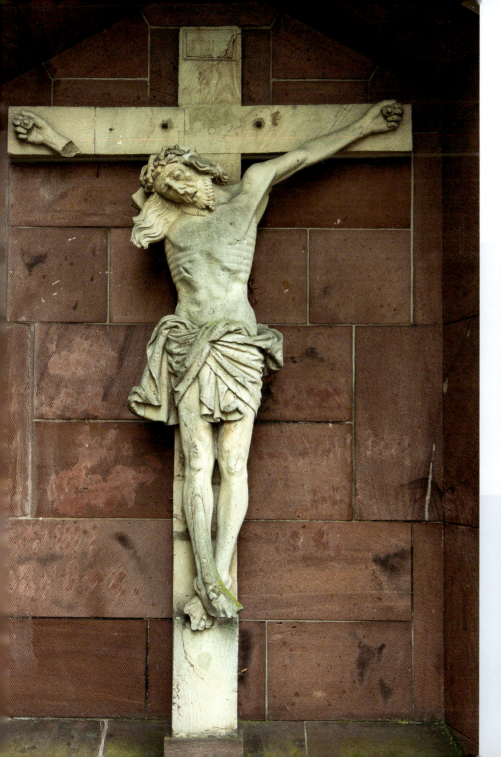

Was ?

Die Stadt hat einen Historischen Stadtrundgang mit 18 Stationen ausgeschildert, der einen guten Überblick zur Geschichte Neuenburgs gibt.
Weitere Informationen bietet das Stadtmuseum.

Wann ?

Jederzeit frei zugänglich.
Informationen, Führungen:
Tourist-Information
Tel. +49-7631-791-111
touristik@neuenburg.de
Mo, Di, Do, Fr von 09:00 bis 16:00
Mi   von 09:00 bis 18:30
Sa   von 10:00 bis 12:00

Wo ?

Tourist-Infornmation
Bürgerbüro im Rathaus
Rathausplatz 5
79395 Neuenburg am Rhein
Individualverkehr:
Von der A5 über die B378 in die Schlüsselstraße.
ÖPNV:
SWEG-Bus Linie 4 und Linie 110
Station Rathausplatz

Neuenburg am Rhein
Museum für Stadtgeschichte

Das alte Schul- und Rathaus aus der ersten Häfte des 19. Jh. ist eines der wenigen Bauwerke Neuenburgs, die von den Zertörungen im 2. Weltkrieg verschont wurden.

Heute beherbergt das klassizistische Gebäude ein Museum, das an Hand von Exponaten und Bildern einen umfassenden Überblick von der Frühgeschichte, über die Hochwasserkatastrophen des 15. und 16. Jh. sowie die Zerstörungen der Kriege im 17. und 18. Jh. bis hin zum 2. Weltkrieg gibt.

Was ?

Zahlreiche Ausgrabungsfunde.
Urkunde von Kaiser Maximilian I..
Goldene Monstranz aus dem zerstörten Münster.
Umfassende Darstellung der Hochwasserkatastrophen und ihrer Ursachen.
Dokumentation zum 2.Weltkrieg.
Eindrucksvoller Einblick in die ungewöhnliche Geschichte der Stadt.

Wann ?

Öffnungszeiten:
So von 10:00 bis 12:00 und
    von 14:00 bis 16:00
Führungen nach Vereinbarung:
 Tourist-Information
Tel. +49-7631-791-111
touristik@neuenburg.de
Mo, Di, Do, Fr von 09:00 bis 16:00
Mi   von 09:00 bis 18:30
Sa   von 10:00 bis 12:00

Wo ?

Museum für Stadtgeschichte
Franziskanerplatz 4
79395 Neuenburg am Rhein
Individualverkehr:
Von der A5 über die B378 in die Schlüsselstraße, dann zu Fuß über Rathausplatz und Salzstraße.
ÖPNV:
SWEG-Bus Linie 4 und Linie 110
Station Rathausplatz

Neuenburg am Rhein Brunnen

Brunnen zur Erinnerung an Mathias von Neuenburg, der die letzte Reichschronik des römisch-deutschen Reiches für die Zeit 1250-1350 schrieb. Die Feder ist aus Bronze.

Der **Basiliskbrunnen** symbolisiert die enge Verbundenheit Neuenburgs mit Basel.

Der **Brunnen am Franziskanerplatz** wurde von Bruno Knittel aus Tessiner Silbergneis gestaltet und erinnert an römische Brunnen.

Die **Brunnenanlage Monument am Rathausplatz** symbolisiert den in Bronze gegossenen Behauptungswillen der Stadt.

Der **Narrenbrunnen** zeigt verschiedene Figuren im Zusammenhang mit der Fasnacht, die Narretei der Menschen symbolisierend.

Die **Brunnenanlage Vergangenheit, Gegenwart und Zukunft** setzt sich mit der Geschichte Neuenburgs auseinander.

Mit den Motiven der Kindheit beschäftigen sich der **Brunnen Kinder und Gans** sowie der **Brunnen Kinder unter dem Regenschirm**.

Was ?

Die Stadt Neuenburg am Rhein bietet einen Rundgang zu den Brunnen der Stadt an.
Nach Bedarf sind auch geführte Führungen möglich.

Wann ?

Öffnungszeiten:
Die Brunnen sind unbeschränkt frei zugänglich.
Informationen, Führungen:
Tourist-Information
Tel. +49-7631-791-111
touristik@neuenburg.de
Mo, Di, Do, Fr von 09:00 bis 16:00
Mi von 09:00 bis 18:30
Sa von 10:00 bis 12:00

Wo ?

Tourist-Infornmation
Bürgerbüro im Rathaus
Rathausplatz 5
79395 Neuenburg am Rhein
Individualverkehr:
Von der A5 über die B378 in die Schlüsselstraße.
ÖPNV:
SWEG-Bus Linie 4 und Linie 110
Station Rathausplatz

Neuenburg am Rhein
Märkte

Was ?

Neuenburg am Rhein ist nicht nur als die Stadt der Brunnen sondern auch der Märkte bekannt. Neben dem regelmäßig am Mittwoch und Samstag stattfindenden Wochenmarkt gibt es im Herbst den Kartoffelmarkt und zwei Mal im Jahr einen Deutsch-Französischen Markt.

Wann ?

Wochenmarkt:
Mi und Sa von 08:00 bis 12:00
Kartoffel- und Stadtflohmarkt:
Am 03. Oktober von 09:00 bis 18:00
Deutsch-Französischer Markt:
Im Juni in Neuenburg am Rhein, im Oktober in einer der französischen Nachbarstädte.
Datum unter www.neuenburg.de.

Wo ?

Die Märkte finden am Rathausplatz statt.
79395 Neuenburg am Rhein
Individualverkehr:
Von der A5 über die B378 in die Schlüsselstraße.
ÖPNV:
SWEG-Bus Linie 4 und Linie 110, Station Rathausplatz.

Neuenburg am Rhein

52

Was ?

Schöne Spaziergänge und romantische Ausblicke vom Neuenburger Rheinufer und der Rheininsel zwischen Rhein und Grand Canal d`Alsace. Neuenburg am Rhein wird die Landesgartenschau 2022 ausrichten, die ersten Vorbereitungen sind schon zu begehen.

Wann ?

Jederzeit frei zugänglich.

Wo ?

Individualverkehr:
Von der A5 an der Anschlußstelle Neuenburg am Rhein auf die B378 Richtung Frankreich. Vor der Rheinbrücke rechts zum Neuenburger Rheinufer. Nach der Rheinbrücke rechts zur Rheininsel.
ÖPNV:
SWEG-Bus Linie 4 und 110

Neuenburg am Rhein
Heilig-Kreuz-Kapelle

Von der Stadt führt ein Kreuzweg durch malerische Landschaft zur Heilig-Kreuz-Kapelle. Angelegt wurde er im 17. Jh. von Kapuzinermönchen, die festgestellt hatten, dass der Weg bis zur Kapelle gleich lang wie der Kreuzweg Christi nach Golgatha war.

Die Geschichte der Kapelle geht auf das 13. Jh. zurück, als ein steinernes Kreuz auf den Fluten des Rheins angeschwommen kam um bei Neuenburg a. R. anzulanden. Mehrfache Versuche, das Kreuz im Münster aufzustellen, scheiterten, es kehrte immer wieder auf wundersame Weise zu seinem Anlandeplatz zurück, so dass dort eine Kapelle errichtet wurde, die bald zum Ziel von Wallfahrern wurde.

Das Kreuz hat alle Kriegswirren und Zerstörungen der Kapelle überstanden und steht heute noch in der Kapelle. Die drei bemalten Frauenstatuen aus Sandstein entstanden um 1380 und standen ursprünglich am heiligen Grab des 1525 untergegangenen Münsters.

Was?

Steinernes Kreuz aus dem 13. Jh.
Drei Frauenfiguren aus dem 14. Jh. vom heiligen Grab des untergegangenen Münsters.
Kreuzweg durch
malerische Landschaft.
Schöne Lage inmitten von Feldern.
Ein mythischer Ort des Oberrheins.

Wann?

Öffnungszeiten:
Täglich von 10:00 bis 17:00.
Informationen, Führungen:
Tourist-Information
Tel. +49-7631-791-111
touristik@neuenburg.de
Mo, Di, Do, Fr von 09:00 bis 16:00
Mi   von 09:00 bis 18:30
Sa   von 10:00 bis 12:00
Jeden ersten Sonntag im Mai findet eine Dankesprozession statt.

Wo?

Individualverkehr:
Von der A5 über die B378 und den Kronenrain auf die L134, dann ca. ein Kilometer nach Süden Richtung Steinenstadt.
ÖPNV:
SWEG-Bus Linie 4 und 110, Station Sägewerk, dann ca. 400 Meter zu Fuß auf der L134 Richtung Steinenstadt.

Auggen
Ortsbild

Passiert man Auggen auf der B3, so gwinnt man leicht den Eindruck eines Straßendorfs, und das ist falsch und schade, denn der nur wenige hundert Meter Richtung Weinberge gelegene Ortskern bietet ein malerisches Dorf, dessen Wurzeln auf das 8. Jh. zurückgehen und das vom Weinbau dominiert wird.

Die bekanntesten Lagen sind mit zusammen rund 250 Hektar der „Letten" und der „Schäf", berühmt vor allem für ihren Gutedel.

Im „Letten" wurde bereits im 14. Jh. Wein angebaut und nicht zufällig ist der berühmte südfranzösische Weinort Chateauneuf du Pape die Partnerstadt Auggens.

Ein Weinlehrpfad bietet schöne Aussichten auf die Weinberge.

Was ?

Schöner Ortskern mit malerischen Weingütern und einer bemerkenswert hohen Gasthausdichte. Die Kirche auf dem Hügel lohnt einen Besuch und bietet einen schönen Ausblick auf das Dorf. Besuch und Verkostung bei einem der zahlreichen Weingüter.

Wann ?

Jederzeit frei zugänglich.

Wo ?

Individualverkehr:
Von der B3 beim Hotel Bären in die Hauptstraße, dann rund 200 Meter zum Ortskern.
ÖPNV:
Will-Bus Linie 264
DB-Bahn, Station Auggen

Auggen Winzerfest

Was ?

Viertägiges Winzerfest mit:
Weinprobe und Kellerführung.
Großer Festumzug mit Musik- und Trachtengruppen.
„Augge Märt" mit traditionellem Jahr- und Krämermarkt.
Wettbewerb für Dirndl und für Lederhosen.

Wann ?

Mitte September von Donnerstag bis Montag.
Der große Festumzug beginnt jeweils am Sonntag um 14:00.
Der „Augge Märt" findet am Montag statt.
Das jeweilige Datum und Programm findet man unter www.auggen.de.

Wo ?

Individualverkehr:
Von der B3 beim Hotel Bären in die Hauptstraße, dann rund 200 Meter zum Ortskern.
ÖPNV:
Will-Bus Linie 264
DB-Bahn, Station Auggen

Winzerkeller Auggener Schäf

Für den Winzerkeller Auggener Schäf bewirtschaften etwa 300 Winzer eine Rebfläche von 340 Hektar rund um das schmucke Weindorf Auggen. Beinahe die Hälfte dieser Rebfläche ist mit dem Markgräfler Weißweinklassiker Gutedel bestückt.

Daneben bestechen aber auch der Weißburgunder und der rote Spätburgunder mit Frische und Eleganz. Die für das Markgräflerland eher speziellen Sorten Sauvignon Blanc und Chardonnay brauchen keinen internationalen Vergleich zu scheuen.

Mit seinem Angebot nimmt der Auggener Winzerkeller regelmäßig erfolgreich an Landesweinprämierungen sowie nationalen und internationalen Verkostungen, wie dem „Mundus-Vini" oder dem „Gutedel-Cup", teil.

Der Winzerkeller verfügt neben modernsten Einrichtungen zur Herstellung und Abfüllung auch über einen eindrucksvollen Holzfaßkeller mit Raritätenschatzkammer, der einen stimmungsvollen Rahmen für Weinproben und Veranstaltungen bietet.

Was ?

Weinshop mit einem umfassenden Angebot der Markgräfler Weinsorten und vielen originellen Geschenkideen.
Kellerführungen geben einen interessanten Einblick in die Herstellung des Weins.
Weinproben und Veranstaltungen im eindrucksvollen Holzfaßkeller. Blick in die Schatzkammer mit ihren jahrzehntealten Raritäten.

Wann ?

Öffnungszeiten
Mo-Fr   von 08:00 bis 18:00
Sa   von 09:00 bis 13:00
So und Feiertag   von 10:00 bis 13:00
Für Kellerführungen:
Winzerkeller Auggener Schäf e.G.
Tel. +49-7631-3680-0
Fax +49-7631-3680-80
info@auggener-wein.de
www.auggener-wein.de

Wo ?

Kleinfeldele 1
79424 Auggen
Individualverkehr:
Unmittelbar an der B3 am Ortsende von Auggen Richtung Müllheim gelegen.
ÖPNV:
Will-Bus Linie 264, Station Hach
DB-Bahn, Station Auggen

Vögisheim
Ortsbild

Was ?

Spaziergang entlang der Brunnenstraße mit ihren fünf Brunnen, den Wahrzeichen von Vögisheim. Malerische Bauernhöfe, schön renovierte Fachwerkhäuser und ein Gemeindehaus, dessen Türmchen ein wenig an Neuengland erinnert.

Wann ?

Jederzeit frei zugänglich. „Scheibenschlagen" auf dem Rebberg am Sonntag nach Fasnacht. „Ufferbrut" mit gebackenen Küchlein für die Kinder am Himmelfahrtstag.

Wo ?

Individualverkehr:
Von der B3 über die Südtangente Müllheim und die K4984 (Hebelstraße) in die Brunnenstraße.
ÖPNV:
Will-Bus Linie 264

Feldberg Ortsbild

Feldberg war bereits um rund 600 v.Chr. von Kelten besiedelt, später von Römern, die den Weinbau einführten, der den Ort bis heute stark prägt.

Großzügig renovierte Hofanlagen, steinerne Stützmauern und viel Blumen geben dem Ort ein fast italienisches Flair. Zu diesem Eindruck tragen auch die kleinen Hofläden und ein pittoresker Antiquitätenladen bei.

Das Dichterwegli führt mit alemannischen Gedichten durch die Weinberge und Streuobstwiesen.

Was ?

Spaziergang durch das Dorf mit seinen schönen Hofanlagen.
Besuch der Kirche mit alten Fresken und einem Wandteppich, geknüpft von Feldberger Frauen.
Obst, Säfte Schnaps und selbstgestrickte Socken in einem Hoflädeli kaufen.
Drei Kilometer Rundweg mit alemannischen Dichtungen auf dem Dichterwegli.

Wann ?

Jederzeit frei zugänglich.
Ein Flyer zum Dichterwegeli ist in der Tourist-Information erhältlich.

Wo ?

Individualverkehr:
Von der B3 über die Südtangente Müllheim und die K4984 durch Vögisheim nach Feldberg.
ÖPNV:
Will-Bus Linie 264

Hochblauen

Der Gipfel des Hochblauen liegt 1165 Meter über dem Meeresspiegel und bietet eine schöne Aussicht auf den Schwarzwald, die Vogesen, den Jura, die Alpen und das Rheintal.

Auf dem Gipfel stehen ein 21 Meter hoher Aussichtsturm des Schwarzwaldvereins, ein 93 Meter Fernmeldeturm der Telekom sowie eine Gastwirtschaft mit Übernachtungsmöglichkeiten. Für Gleitschirmflieger ist der Hochblauen ein beliebter Startplatz.

Was ?

Besteigen Sie den 21 Meter hohen Aussichtsturm und genießen Sie die Aussicht ins Rheintal und auf den Schwarzwald.
Wandern Sie einen der 2 bis 5 km langen Rundwege mit leichter bis mäßiger Steigung.
Wagen Sie einen Tandemflug mit dem Gleitschirm hinunter ins Markgräflerland (Infos unter www.berghaus-hochblauen.de).

Wann ?

Der Hochblauen und der Aussichtsturm sind jederzeit frei zugänglich, sofern die Zufahrtsstraße nicht eingeschneit ist.
Öffnungszeiten Kiosk:
Täglich von 11:00 bis 18:00. (wetterabhängig)
Öffnungszeiten Restaurant:
Unter www.berghaus-hochblauen.de abfragen.

Wo ?

Individualverkehr:
Von Badenweiler oder Kandertal über die L140 und die K4948.
ÖPNV:
SWEG-Bus Linie 4 als Wanderbus.
Fahrplan unter www.rvl-online.de

Badenweiler Kurpark

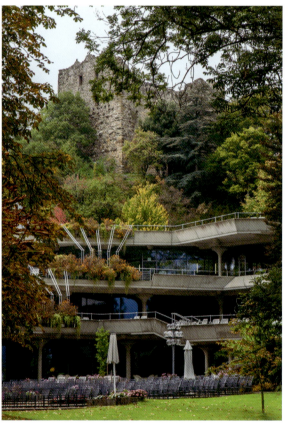

Was?

Der vor mehr als 250 Jahren nach dem Vorbild englischer Parkanlagen angelegte Kurpark zählt mit seinen 22 Hektar zu den baumreichsten Kurparks Deutschlands und ist zu jeder Jahreszeit sehenswert.
Zwischen Kurpark und der Burg Badenweiler liegt das terassenförmig angeordnete Kurhaus aus dem Beginn der 70er Jahre.

Wann?

Jederzeit frei zugänglich.

Wo?

Der Kurpark erstreckt sich zwischen der Burg Baden und der Cassiopeia Therme.
Individualverkehr:
Von der B3 über die L131 und die L132 in die Friedrichstraße.
Am besten in der Schloßberggarage parken.
ÖPNV:
SWEG-Bus Linie 111
SWEG-Bus Linie 112

Badenweiler
Burg Baden

An Stelle der Burg standen bereits ein römisches Kastell und später eine Alemannische Hochburg. Die fundamentnahen Bereiche der Burg bestehen aus romanisch-staufischen Buckelquadern.

Seit 1122 war die Burg im Besitz des Zähringer Herzogs Konrad, dem Stadtgründer von Freiburg, und sollte den Silberbergbau der Zähringer in der Region schützen.

Danach erlebte die Burg durch Heirat, Erbschaft oder Schenkung zahlreiche Besitzerwechsel. So gelangte die Burg von den Zähringern an die Staufer, von dort an die Markgrafen von Freiburg, danach an die Grafen von Straßberg, das Fürstenhaus Fürstenberg, die Habsburger, wieder an die Grafen von Freiburg, an die Markgrafen von Hachberg-Sausenberg und schließlich an die Markgrafschaft Baden. Genutzt wurde sie jeweils von den Vögten und Amtsleuten.

1678 diente die Burg im Holländischen Krieg einem französischen General als Winterquartier, der beim Abzug ihre wechselvolle Geschichte durch eine Sprengung beendete.

Zur touristischen Erschließung wurde die Burg restauriert und bietet einen schönen Ausblick auf Badenweiler und auf die Rheinebene.

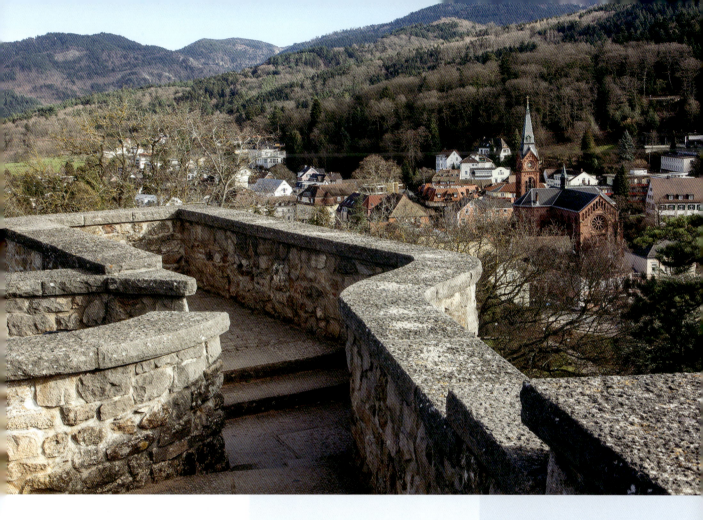

Was ?

Gut restaurierte Burgruine. Schöner Ausblick auf Badenweiler und die Rheinebene.

Wann ?

Jederzeit frei zugänglich.

Wo ?

Der Zugang ist vom Kurpark wie auch von der obersten Etage des Kurhauses möglich.
Individualverkehr:
Von der B3 über die L131 und die L132 in die Friedrichstraße.
Am besten in der Schloßberggarage parken.
ÖPNV:
SWEG-Bus Linie 111
SWEG-Bus Linie 112

Badenweiler
Evangelische Kirche

An Stelle der heutigen Kirche stand 145 n.Ch. ein römischer Podiumtempel mit den beachtlichen Ausmaßen von 26x36 Metern, vermutlich der Göttin Diana geweiht.

Die erste karolingische Kirche ist für 774 nachgewiesen und nutzte teilweise die römischen Fundamente. Diese wurde später durch eine gotische Kirche ersetzt, und schließlich erfolgte Ende des 19. Jh. der heutige Neubau im neoromanischen Stil.

Aus der gotischen Kirche stammen die im 14. Jh. entstandenen Fresken mit der Darstellung der Legende von den Drei Lebenden und Drei Toten, ein Vorläufer zu den späteren mittelalterlichen Totentanzdarstellungen.

Die Darstellung ist in dieser Form in der Regio einmalig und geht auf französische Ursprünge zurück, vermutlich eine Stiftung von Katharina von Burgund, die als Gemahlin des Herzogs Leopold von Österreich zeitweise in Badenweiler residierte.

Die Fresken zeigen drei Lebensphasen: Jüngling, Mann und Greis sowie drei Totengerippe, die ihnen die Mahnung zurufen: „Was ihr seid, das waren wir. Was wir sind, das werdet ihr sein".

Der symbolische Falke sitzt beim Jüngling in der Hand, der Mann hat ihn losgelassen und dem Greis ist er entflogen.

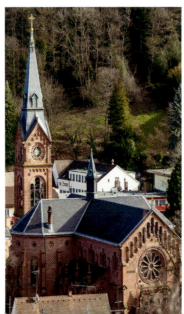

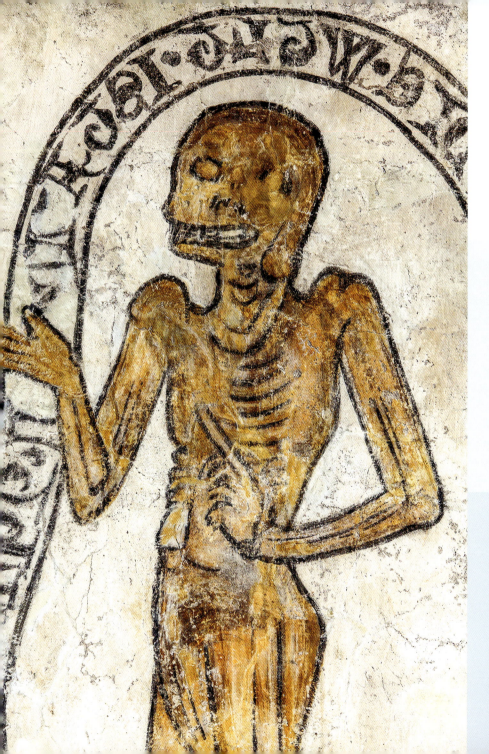

Was?

Kirche im neoromanischen Stil auf den Fundamenten eines römischen Podiumtempels.
In der Regio einmalige Darstellung der Legende von den Drei Lebenden und den Drei Toten als Vorläufer der Totentanzdarstellungen.

Wann?

Auskünfte zu Öffnungszeiten:
Ev. Pfarramt Badenweiler
Blauenstraße 3
79410 Badenweiler
Tel. +49-7632-387
evang.pfarramt.badenweiler
@t-online.de
Di und Fr von 10:00 bis 12:00
Mi   von 10:30 bis 12:00
www.ekbh.de

Wo?

Die Kirche liegt im Ortszentrum und ist sowohl von der Kaiserstraße wie auch von der Blauenstraße zugänglich.
Individualverkehr:
Von der B3 über die L131 und die L132 in die Friedrichstraße.
Am besten in der Schloßberggarage parken.
ÖPNV:
SWEG-Bus Linie 111
SWEG-Bus Linie 112

Badenweiler Römerbad

Die Thermalquellen von Badenweiler werden durch das Regenwasser von den Hängen des Blauen gespeist, das in Klüfte eintritt, ca. 6-700 Meter absinkt, dabei Mineralien aufnimmt, sich erwärmt und mit einer Temperatur von 26,4 Grad Celsius wieder austritt.

Bereits die Kelten nutzten die Quellen. Die Römer bauten sie dann im 1. und 2. Jh. n.Ch. in mehreren Baustufen zu einer der größten Bäderanlagen nördlich der Alpen aus. Das Bad war der Schutzgöttin Diana Abnoa geweiht, einer Verschmelzung der römischen Jagdgöttin Diana mit der keltischen Schwarzwaldgöttin Abnoa. Das Bad wurde durch eine hochentwickelte Hypokaustanlage erwärmt, bei der Rauchgase sowohl die Fußböden wie auch, über Tonröhren, die Wände beheizten.

Nach Ende der römischen Herrschaft um ca. 260 n. Ch. verfiel die Anlage und wurde als Steinbruch, u.a. für die Burg Baden, genutzt. 1784 führten Bauarbeiten der Markgrafen zur Erweiterung des Amtshauses, sowie die Aufmerksamkeit eines Dorfpfarrers zur Entdeckung und zur systematischen Ausgrabung der Überreste.

Seit 2001 werden die Ruinen durch ein eindrucksvolles Dach aus Stahl und Glas geschützt.

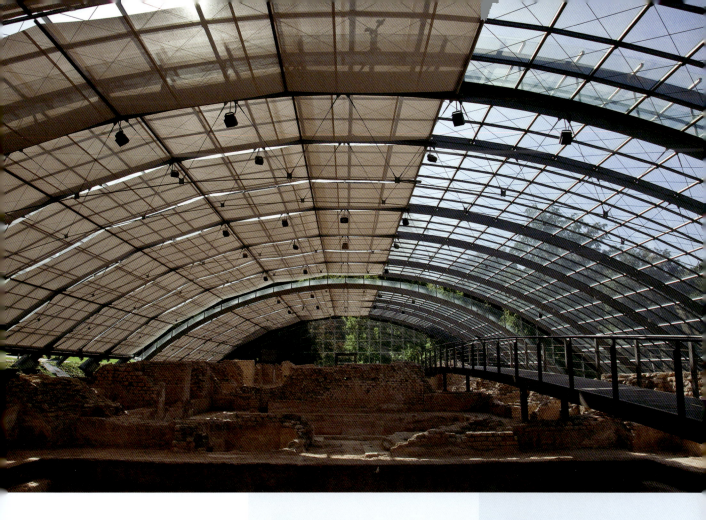

Was ?

Überreste einer der größten römischen Badeanlagen nördlich der Alpen.
Eindrucksvolle Dachkonstruktion aus Stahl und Glas.
Die Stege ermöglichen die Betrachtung der Details, zum Beispiel der raffinierten römischen Fußboden- und Wandheizung.

Wann ?

Besichtigung:
Apr – Okt täglich 10:00 – 19:00
Nov – Mär täglich 10:00 – 17:00
Führungen:
Apr – Okt Di 16:00 und So 11:00
Nov – Mär So 11:00
Informationen:
Tel. +49-7632-799300
www.touristik@badenweiler.de

Wo ?

Im Kurpark in unmittelbarer Nähe zur Cassiopeia Therme.
Individualverkehr:
Von der B3 über die L131 und die L132 in die Friedrichstraße.
Am besten in der Schloßberggarage parken.
ÖPNV:
SWEG-Bus Linie 111
SWEG-Bus Linie 112

Niederweiler Ortsbild

Die Besiedlung Niederweilers geht bereits auf das 2. bis 4. Jh. zurück, als Römer im Umfeld der Thermenanlagen von Badenweiler ihre Villen errichteten.

Das Ortsbild wird vom Klemmbach geprägt, der in früheren Zeiten zahlreiche Mühlen mit Energie versorgte, und an die noch der Name einer Weinstube erinnert.

Heute lebt der Ort vom Weinanbau - der „Römerberg" gehört zu den bekanntesten Lagen im Markgräflerland - und vom Tourismus.

Was?

Schöner Spaziergang entlang des Klemmbaches mit seinen Stegen und zur Klemmbachmühle. Tiergehege an der Straße nach Lipburg mit Damwild, Schafen, Ziegen und Pony, großer Spaß für Kinder. Kräutergarten am Ölbergweg.

Wann?

Jederzeit frei zugänglich.
Bei Sonnenuntergang empfiehlt sich eine Wanderung zur „Himmelswiese" mit farbenprächtigen Ausblicken zu den Vogesen.

Wo?

Individualverkehr:
Von der B3 über die L132 in die Weilertalstraße.
ÖPNV:
SWEG-Bus Linie 111 und 112

Müllheim
Markgräfler Platz

65

Der Markgräfler-Platz am oberen Ende der Wilhelmstraße ist das Zentrum von Müllheim. Dominiert wird er von dem steinernen Stadttor, das der Auggener Bildhauer Johannes Abel im Jahr 2000 nach einem Entwurf von Bernd Völkle im Bauklötzchenstil geschaffen hat.

Unmittelbar daneben steht das Alte Rathaus. Seinen Florentiner Turm verdankt es dem Palazzo Vecchio in Florenz, den sich die Architekten beim Bau 1867 zum Vorbild genommen haben. Interessant auch der moderne Brunnen neben dem Alten Rathaus.

Ein weiteres Bauwerk am Markgräfler Platz ist das ehemalige Amtshaus der Vogtei Badenweiler, ein schönes Barockgebäude aus der ersten Hälfte des 18. Jh.. Nach einer abwechslungsreichen Geschichte als Verwaltungsgebäude für Land, Kreis, Bezirk und Forstbehörde dient es heute der Tourist-Information.

Der Turm der Martinskirche aus dem 12. Jh. blickt gelassen auf das architektonische Sammelsurium.

Was ?

Markgräfler Palazzo Vecchio.
Barocke Tourist-Information.
Monumentale Bauklötze.
Futuristischer Brunnen.
Gemütliche Cafes.

Wann ?

Jederzeit frei zugänglich.
Tourist-Information:
Von Nov bis Feb
Mo bis Fr   von 09:00 bis 12:00
Mo und Mi   von 14:00 bis 17:00
Von Mär bis Okt
Mo bis Fr   von 09:00 bis 12:00
und   von 14:00 bis 17:00
touristik@muellheim.de
www.muellheim-touristik.de

Wo ?

Individualverkehr:
Zwischen Wilhelmstraße, Östliche Allee und Werderstraße in unmittelbarer Nähe zum Moltkeplatz.
ÖPNV:
SWEG-Bus Linie 111
Will-Bus Linie 261 und 264
SBG-Bus Linie 7240
Alle Station Verkehrsamt

Müllheim Martinskirche

66

Die Martinskirche steht auf den Fundamenten eines großen römischen Gutshofs. Eine erste Holzkirche wird auf die fränkische Zeit im 8. Jh. datiert, die erste Steinkirche auf die erste Hälfte des 11. Jh. Der Unterteil des Turms wurde in der zweiten Hälfte des 14. Jh. errichtet, aus dieser Zeit stammen auch die erst 1913 wiederentdeckten Wandmalereien in der Turmhalle, die Szenen aus dem Jüngsten Gericht darstellen.

Von der ursprünglichen Ausmalung des Langhauses blieb nur ca. ein Quadratmeter mit einer spätmittelalterlichen Mariendarstellung von hoher Qualität erhalten, die 1980 wiederentdeckt wurde. Langhaus und Chor wurden vermutlich nach der Reformation umgebaut. Die Dekorationsmalerei stammt vom Ende des 16. oder Beginn des 17. Jh.. Diese Malerei im Stil des deutschen Frühbarocks ist einmalig in Südwestdeutschland, insbesondere die Rollwerkornamente der Fensternischen.

1881 wurde der letzte Gottesdienst in der Martinskirche abgehalten. Danach diente das Gebäude, seit 1882 im Besitz der Stadt, als Lagerhalle, Unterkunft für Truppen, Gefangene und Kranke oder für Märkte und Ausstellungen. Heute finden in der Martinskirche Konzerte und Veranstaltungen statt, der Raum kann gemietet werden.

Was ?

Wertvolle Wandmalerein aus dem 14. Jh. in der Turmhalle.
Eine für das Markgräflerland einmalige frühbarocke Ausmalung.
Besuchen Sie eines der Konzerte.

Wann ?

Öffnungszeiten
Mo bis Fr von 09:00 bis 12:00
 und   von 14:00 bis 17:00
Der Schlüssel zur Kirche kann bei der Tourist-Information im Gebäude links von der Kirche abgeholt werden.
Einschränkungen durch Veranstaltungen und Ausstellungen möglich, Informationen unter +49-7631-801-500.

Wo ?

Individualverkehr:
Wilhelmstraße an der Einmündung zum Markgräfler Platz
79379 Müllheim
+49-7631-801-500
ÖPNV:
SWEG-Bus Linie 111
Will-Bus Linie 261 und 264
SBG-Bus Linie 7240
Alle Station Verkehrsamt

Müllheim
Marktplatz

Auf dem Marktplatz wird seit der Verleihung des Marktrechtes 1688 regelmäßig ein Wochenmarkt abgehalten.

Im 17. Jh. wurde der Platz vergrößert und im 18. Jh. neu bebaut. Das Stadthaus beherbergte bis 1835 die Gemeindestube. 1848 verkündete Gustav von Struve vom Balkon des Stadthauses die Republik. Heute dient das Stadthaus als Hotel, ebenso wie das Winzerhaus, das bis zur Mitte des 19. Jh. ein Schulgebäude war.

Der Brunnen stammt vom Stuttgarter Bildhauer Heinz Pistol und wurde 1979 eingeweiht.

Heute werden jeweils Dienstag, Freitag und Samstag regionale Produkte wie Obst, Gemüse, Blumen, Kräuter, Honig, Käse, Fleisch- und Wurstwaren sowie Bauernbrot angeboten.

Der Platz ist von Restaurants und Cafes umgeben, und insbesondere an Markttagen herrscht ein munteres Treiben.

Was ?

Historischer Marktplatz.
Drei mal wöchentlich Bauernmarkt mit regionalen Produkten.
Balkon, von dem Gustav von Struve 1848 die Republik verkündet hat.
Restaurants und Cafes laden zur Erholung und zum Genießen ein.

Wann ?

Wochenmarkt:
Di, Fr und Sa von 08:00-12:30

Wo ?

Vom Markgräfler Platz kommend kurz hinter der Querung der Wilhelmstraße über den Klemmbach auf der linken Seite.
ÖPNV:
SWEG-Bus Linie 111
Will-Bus Linie 261 und 264
SBG-Bus Linie 7240
Alle Station Verkehrsamt

Müllheim
Markgräfler Museum

Das größte Regionalmuseum zwischen Freiburg und Basel ist seit den 70er Jahren im Blankenhorn-Palais untergebracht, einem typischen Wohnhaus für eine gutsituierte, großbürgerliche Weingutsbesitzer-Familie im 18. und 19. Jh. mit einem repräsentativen Hauptgebäude und zwei Seitenflügeln. Die Architektur lässt französische Einflüsse vermuten. Im Erdgeschoß betrieb die Familie Blankenhorn über hundert Jahre das „Gasthaus zur Krone".

Auf vier Etagen mit über 1.500 Quadratmetern Ausstellungsfläche werden Dauer- und Sonderausstellungen zur Kunst, Kultur und Geschichte des Markgräflerlandes gezeigt. Sehr sehenswert ist auch der historische Weinkeller. Im Hofbereich sind unter anderem Reste der Müllheimer Synagoge ausgestellt.

Was ?

Ehemalige Palais der Weingutsbesitzer Blankenhorn.
Heute umfangreichste Darstellung der Kunst, Kultur und Geschichte des Markgräflerlandes.
Gemälde auch zeitgenössischer Maler der Region.
Historischer Weinkeller, Führungen auf Anfrage.
Reste der Müllheimer Synagoge im Hof.

Wann ?

Öffnungszeiten:
Di bis So von 14:00-18:00.
Gruppen nach Vereinbarung.
Infos:
+49-7631-801-520
museum@muellheim.de
www.markgraefler-museum.de

Wo ?

Wilhelmstraße 7 (gegenüber vom Marktplatz)
79379 Müllheim
ÖPNV:
SWEG-Bus Linie 111
Will-Bus Linie 261 und 264
SBG-Bus Linie 7240
Alle Station Verkehrsamt

Müllheim
Familie Blankenhorn

Adolph Blankenhorn ist der oenologische Übervater Müllheims, man trifft auf ihn und seine Familie im wörtlichen Sinn an allen Ecken und Enden.

Er stammt aus einer Weingutsbesitzerfamilie. Schon sein Großvater war Gutsbesitzer und Bürgermeister von Müllheim. Sein Vater gründete zusammen mit zwei Brüdern ein Weingut.

Adolph Blankenhorn wurde 1843 geboren und studierte in Karlsruhe und Heidelberg Naturwissenschaften. 1875 errichtete er das oenologische (Weinbau) Institut in Karlsruhe, mit dem er später intensiv an der Bekämpfung der Reblaus forschte, die in den 60er Jahren des 19. Jh. aus Amerika nach Europa eingeschleppt worden war und den gesamten Weinbau bedrohte. 1874 gründete er den Deutschen Weinbauverband und wurde dessen erster Präsident. Er starb 1906 in Konstanz.

Sein Denkmal steht im Blankenhorn-Park, dem früheren Garten des Blankenhorn-Hofs, dem heutigen Elisabethenheim, das als Altersheim dient. Der Spaziergang durch den Blankenhorn-Park mit seinem kleinen See führt zum Bürgerhaus, in dem jährlich Ende April der traditionelle Müllheimer Weinmarkt stattfindet.

Weitere Erinnerungen an die Familie Blankenhorn sind die große Hofanlage in der Wilhelmstraße 23, vermutlich der Stammsitz der Familie, die „Blankenhornvilla" in der Werderstraße, das Blankenhorn-Palais mit dem Markgräfler Museum sowie das Anwesen Graf in der Wilhelmstraße.

Was ?

Schöner Rundgang durch Müllheim.
Blankenhorn-Park mit Denkmal.
Blankenhorn-Hof (Elisabethenheim).
Blankenhornvilla.
Blankenhorn-Palais (Markgräfler Museum).
Anwesen Graf.

Wann ?

Der Blankenhorn-Park ist jederzeit frei zugänglich.
Die Stadt bietet **Führungen** „Auf den Spuren der Familie Blankenhorn" an.
Der **Müllheimer Weinmarkt** findet jährlich Ende April statt.
Infos zu Führungen und zum Weinmarkt bei der Tourist-Information: +49-7631-801-500.

Wo ?

Elisabethenheim an der Hauptstraße 149.
Blankenhorn-Park zwischen dem Elisabethenheim und dem Bürgerhaus.
Blankenhorn-Villa in der Werderstraße 49.
Blankenhornpalais in der Wilhelmstraße 7.
Anwesen Graf in der Wilhelmstrasse 2.

Müllheim Mühlenweg

Bereits Mitte des 8. Jh. wird die Stadt in einer Schenkungsurkunde des Klosters St. Gallen als „villa mulinhaimo", Ort der Mühlen, bezeichnet. Auch Johann Peter Hebel betitelt eines seiner Lieder mit „Z`Mülle an der Poscht".

Zu verdanken hat Müllheim seine Namensgebung dem Klemmbach und dem Warmbach, früher zwei wichtige Energiequellen, die neben sieben Getreidemühlen auch zahlreiche Ölmühlen, Sägen, Hanfreiben und Trotten mit Wasserkraft versorgten.

Heute ist davon mit der Frick-Mühle nur mehr eine Museums-Mühle erhalten geblieben.

Einen guten Eindruck von der Bedeutung, welche die beiden Bäche für die Entwicklung der Stadt hatten, kann man auf dem rund 3,5 Kilometer langen Mühlenweg gewinnen, der gut ausgeschildert einen schönen und beschaulichen Rundgang bietet und daneben zu wichtigen Sehenswürdigkeiten wie die „Alte School" führt, deren Fundamte sich über den Klemmbach spannen.

Was ?

Schöner Rundweg entlang des Klemmbachs und Warmbachs mit ca. 3,5 Kilometer Länge und 2 Stunden Dauer, auch für Fahrräder und Kinderwägen geeignet. Sehenswürdigkeiten wie die Alte School und die Frick-Mühle sowie ehemalige Gerbereien.

Wann ?

Jederzeit frei zugänglich.
Informationen zu Führungen:
Tourist-Information
Wilhelmstraße 14
79379 Müllheim
Tel. +49-7631-801500
touristik@muellheim.de
www.muellheim-touristik.de
Ein Flyer ist an der Tourist-Information oder im Markgräfler Museum erhältlich.

Wo ?

Der Mühlenweg beginnt an der Tourist-Information.
Individualverkehr:
Wilhelmstraße an der Einmündung zum Markgräfler Platz
79379 Müllheim
+49-7631-801-500
ÖPNV:
SWEG-Bus Linie 111
Will-Bus Linie 261 und 264
SBG-Bus Linie 7240
Alle Station Verkehrsamt

Müllheim
Frick-Mühle

Die zahlreichen Mühlen sorgten für den Namen der Stadt und finden sich auch im Stadtwappen wieder.

Die Frick-Mühle gehört zu den traditionsreichsten der sieben Müllheimer Getreidemühlen. Erstmals Ende des 14. Jh. urkundlich erwähnt, gehörte sie ursprünglich zum benachbarten Hofgut der Herren von Baden aus Liel.

Gegen Ende des 17. Jh. wurde sie von der Familie Frick übernommen, in deren Besitz sie bis ins frühe 20. Jh. verblieb. 1993 erwarb dann die Stadt Müllheim das Gebäude und richtete darin zusammen mit dem Markgräfler Museumsverein mit historischen Mühlenteilen aus Müllheim und dem Markgräflerland ein Mühlenmuseum ein.

Außen an der Mühle befindet sich das mächtige Mühlrad mit einem Durchmesser von etwa sechs Meter. Im Inneren wurden die drei ursprünglichen Mahlgänge wieder eingerichtet.

Was ?

Mächtiges Mühlrad mit etwa sechs Meter Durchmesser.
An Öffnungstagen und bei Gruppenführungen wird das Mühlrad durch Wasserkraft in Bewegung versetzt.
Anschauliche Rekonstruktion der Mahlvorgänge.

Wann ?

Öffnungszeiten:
Von Apr bis Okt
jeden 1. Sa und 3. So im Monat
von 15:00 bis 17:00.
Anmeldung zu Gruppenführungen:
Büro des Markgräfler Museums
Tel. +49-7631-801520
museum@muellheim.de

Wo ?

Frick-Mühle Müllheim
Gerbergasse 74/76
79379 Müllheim
Individualverkehr:
Vom Moltkeplatz über die Werderstraße und Hafnergasse in die Gerbergasse.
ÖPNV:
SWEG-Bus Linie 111
Will-Bus Linie 261 und 264
SBG-Bus Linie 7240
Alle Station Verkehrsamt

Müllheim
Weingut Engler

Das Weingut Engler besteht seit 1892 und ist nunmehr in vierter Generation in Familienbesitz. Heute führt Andrea Engler-Waibel, eine studierte Oenologin, das Weingut. In der Markgräfler Winzerszene ist das immer noch eine Rarität.

Naturnaher Weinanbau ohne Einsatz von Herbiziden, durchgegorene Weine und die Leidenschaft für Kabinettweine prägen den klassischen Engler-Stil.

An den Hängen rund um Müllheim und Badenweiler werden hauptsächlich Gutedel, Weiß-, Grau- und Spätburgunder angebaut. Während die Weißweine in modernen Stahtanks vergären und lagern, reifen die Spätburgunder nach der Maischegärung klassisch in großen und kleinen Eichenholzfässern.

2015 hat das Weingut bereits zum vierten Mal beim Gutedel-Cup gewonnen. Alle Weine und selbsterzeugten Winzersekte können in der klassisch modern umgebauten Vinothek verkostet werden.

Was ?

Weingut mit langer Familientradition und einer studierten Oenologin als Winzerin. Spezialität sind durchgegorene Kabinettweine aus Gutedel und den Burgundern.
Zahlreiche Preise und erste Plätze beim begehrten Gutedel-Cup. Gemütlicher Innenhof und einladende Vinothek.

Wann ?

Öffnungszeiten:
Mo bis Fr von 09:00 bis 18:30
Sa   von 09:00 bis 16:00

Kontakt:
Tel. +49-7631-170550
info@weingut-engler.de
www.weingut-engler.de

Wo ?

Moltkeplatz 2
79379 Müllheim
Individualverkehr:
Von der B3 über die B387 und die Nußbaumer Allee auf den Moltke-Platz.
ÖPNV:
SWEG-Bus Linie 111
Will-Bus Linie 261 und 264
SBG-Bus Linie 7240
Alle Station Verkehrsamt

Müllheim
Weingut Dörflinger

Das Weingut Dörflinger gehört zu den Wein-Klassikern des Markgräflerlandes. Erstklassige Qualität, durchgegorene Weine und solide Preise sind die Markenzeichen dieses Weinguts.

Neben dem typischen Gutedel gehören im Weißweinbereich auch Weißburgunder, Grauburgunder und Chardonnay ins Sortiment. Spätburgunder gibt es mit oder ohne Barrique von den Lagen Reggenhagen, Pfaffenstück und Römerberg, vergoren nach traditioneller Burgundermethode.

Der Hof des Weinguts vermittelt südländisches Flair mit Oleander, Orangenbäumen und einladenden Sitzgruppen. Dazwischen stehen Skulpturen des markgräfler Bildhaueres Konrad Winzer. Freundlich empfangen wird der Besucher vom Winzer Hermann Dörflinger und seinem Sohn.

Besonders zu empfehlen ist ein Besuch des Weinkellers mit seinen hölzernen Weinfässern, die bis zu 3000 Liter fassen und von denen manche noch aus dem 19. Jh. stammen, sehr sehenswert.

Was ?

Erstklassige Weiß- und Rotweine zu soliden Preisen.
Schöner Hof mit südländischem Flair und Skulpturen von Konrad Winzer.
Gemütliche Probierstube.
Freundlicher Empfang durch Hermann Dörflinger und seinen Sohn.
Sehenswerter Keller mit alten Holzfässern.

Wann ?

Mo bis Fr von 08:00 bis 12:30
und   von 13:30 bis 18:30
Sa   von 09:00 bis 16:00
oder nach Vereinbarung unter
Tel. +49-7631-2207
mail@weingut-doerflinger.de

Wo ?

Weingut Hermann Dörflinger
Mühlenstraße 7
79379 Müllheim
Individualverkehr:
Von der B3 über K4946, Südtangente, Untere Brühl und Hauptstraße in die Mühlenstraße.
ÖPNV:
SBG-Bus Linie 7240
Will-Bus Linie 261

Müllheim-Zunzingen
Etikettenmuseum

Das Etikettenmuseum ist Teil des Weingutes Dr. Schneider in Müllheim-Zunzingen, zu dem auch eine Gutsschänke gehört.

Das Weingut wurde 1950 gegründet und 1995 von Dr. Gustav Schneider und seiner Frau übernommen. Auf rund 13 Hektar Rebfläche werden die typischen badischen Rebsorten angebaut und in der gutseigenen Kellerei ausgebaut. Das Weingut kann im Rahmen der jährlich mehrfach stattfindenden Feste besichtigt werden.

Die zugehörige Gutsschänke bietet neben hauseigenen Weinen eine reiche Auswahl an klassischer badischer Landküche, im Sommer auch in einem schattigen Garten unter der Rosenpergola.

Das Etikettenmuseum wurde 1997 von Dr. Schneider und Thomas Wangler gegründet, dessen Sammlung über 120.000 Etiketten enthält.

In wechselnden Ausstellungen werden jeweils ca. 1.200 Exemplare gezeigt.

Das Etikettenmuseum ist das einzige seiner Art in Deutschland und umfasst neben zahlreichen einheimischen und internationalen Etiketten auch so seltene Exemplare wie die komplette Serie von Künstleretiketten der berühmten Chateau Mouton Rothschild-Weine seit 1945, sowie das älteste Etikett von 1811.

 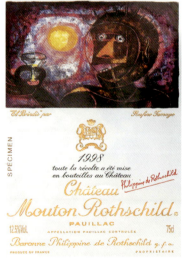 

Was ?

Einmaliges Etikettenmuseum, das ein Muss für jeden Weinliebhaber ist.
Weingut mit Weinverkauf.
Gutsschänke mit typischer badischer Landküche.
Hoffeste finden jeweils am letzten Mai- und August-Wochenende statt, bei denen der Weinkeller besichtigt werden kann.

Wann ?

Weingut und Weinverkauf
Mo bis Sa von 14:00 bis18:00
Gutsschänke
Mi bis So von 17:00 bis 23:00
Etikettenmusem
Mo bis Sa von 14:00 bis 18:00
Informationen:
Tel +49-7631-2915
info@weingut-dr-schneider.de
www.weingut-dr-schneider.de

Wo ?

Rosenbergstraße 10
79379 Müllheim-Zunzingen
Individualverkehr:
Von der B3 über die L131 und L125. Parkmöglichkeit an der Ortsausfahrt Richtung Britzingen.
ÖPNV:
Will-Bus Linie 261

Britzingen Ortsbild

76

In der zweiten Hälfte des 8. Jh. wird Britzingen erstmals urkundlich erwähnt, der Ort war aber wohl schon in der Römerzeit besiedelt.

Die Kirche „St. Johannes" wurde zwischen dem Ende des 13. Jh. und dem 15. Jh. erbaut, sehenswert ist vor allem der schöne Wandteppich.

Der Ort wird von schön renovierten, teils denkmalgeschützten Winzerhöfen geprägt. Der Verkauf erfolgt durch ein Weingut und eine Winzergenossenschaft.

Was ?

Kirche mit schönem Wandteppich.
Sehenswertes Pfarrhaus-Ensemble.
Alte Winzerhöfe an der Hauptstraße.
Lädeli von Uwe Höhn, alles zum Thema Schafzucht.
Weinlehr-, Waldlehr- und geologischer Lehrpfad.
Kleiner Dorfladen mit Café.

Wann ?

Außen jederzeit frei zugänglich.
Kirche St. Johannes:
Tagsüber geöffnet, Informationen:
Tel. +49-7631-3504
www.eki-britzingen-dattingen.de
Schafzucht Uwe Höhn:
Information zu Öffnungszeiten
Markgräfler Straße 26
79379 Müllheim-Britzingen
Tel. +49-7631-172100

Wo ?

Individualverkehr:
Von der B3 über die L131 durch Müllheim, dann über die L125 durch Zunzingen nach Britzingen.
ÖPNV:
Will-Bus Linie 261

Hügelheim
Ortsbild

Hügelheim wurde erstmals zu Beginn des 12. Jh. urkundlich erwähnt. Heute gehört das Winzerdorf mit seinen rund 1.500 Einwohnern zur Stadt Müllheim.

Das Dorf bietet neben der sehenswerten Kirche eine Reihe interessanter Bauwerke, wie das aus der Mitte des 16. Jh. stammende Pfarrhaus mit dem schönen Pfarrbrunnen davor, sowie den Herterschen Vierseitenhof, einen der stattlichsten Höfe in Hügelheim mit schön gegliedeter und fein dekorierter Fassade.

Was?

Altes Winzerdorf mit malerischen Hofanlagen und Weingütern. Eine der ältesten Markgräfler Kirchen mit schönen Fresken. Historischer Rundweg zu den interessantesten Bauwerken mit Erläuterungstafeln.
Weinlehrpfad durch die Reben.

Wann?

Jederzeit frei zugänglich.

Wo?

Sehenswert: Markgrafenstraße/Weinstraße/Höllbergstraße/Schlossgartenstraße.
Individualverkehr:
An der B3 gelegen, ca. 2 Kilometer nördlich von Müllheim, von der B3 in die Markgrafenstraße.
ÖPNV:
Will-Bus Linie 261
SBG-Bus Linie 7240.5

Hügelheim Chorturmkirche

Die Kirche gehört vermutlich zu den ältesten Chorturmkirchen der Regio, ihre Geschichte geht auf das 11. Jh. zurück.

Der wuchtige romanische Turm ist der einzige im Markgräflerland, der einen Gesimsfries mit figürlichen Darstellungen – eine menschliche Maske flankiert von zwei Drachen – aufweist, die Darstellung befindet sich an der Nordostecke.

An der Südseite des Kirchenschiffs sind Wandmalereien von hoher Qualität erhalten, die die Schöpfungsgeschichte und Szenen aus dem Alten Testament darstellen. Die Malereien stammen aus dem 13. oder 14. Jh..

Was ?

Eine der ältesten Chorturmkirchen der Regio.
Einziger romanischer Turm im Markgräflerland mit figürlichen Darstellungen.
Wandmalereien von hoher Qualität.

Wann ?

Öffnungszeiten:
Tagsüber geöffnet.
Informationen:
Ev. Kirchengemeinde Hügelheim
Höllbergstraße 25
79370 Müllheim-Hügelheim
Tel. +49-7631-13499
huegelheim@kbz.ekiba.de
Di und Do von 15:30 bis 17:30

Wo ?

Individualverkehr:
An der B3 gelegen, ca. 2 Kilometer nördlich von Müllheim, von der B3 in die Höllbergstraße. Die Kirche liegt an der Kreuzung der Höllbergstraße mit der Weinstraße.
ÖPNV:
Will-Bus Linie 261
SBG-Bus Linie 7240.5

Hügelheim
Winzergenossenschaft

Die Winzergenossenschaft Hügelheim produziert je rund ein Drittel Gutedel, Spätburgunder sowie Weiß- und Grauburgunder und Spezialitäten wie Gewürztraminer, Sauvignon Blanc, Chardonnay, Muskateller und andere.

Die Weinberge rund um Hügelheim bestehen überwiegend aus Löß und Löß-Lehm und sind durch ihre geschüze Lage sehr warm. Die wichtigsten Einzellagen sind im Süden der Schloßberg mit Gutedel und Weißburgunder, der im Ort liegende Höllberg mit seinen Spät- und Grauburgundern und der kleine Gottesacker mit hervorragenden Gewürztraminern.

Insgesamt bearbeiten rund 50 Winzer und Winzerinnen eine Rebfläche von etwa 70 Hektar. Dabei wird auf biologischen Anbau besonderer Wert gelegt.

Die Verarbeitung erfolgt in Edelstahltanks und großen Holzfässern sowie im Barrique.

Hügelheim gehört damit zu den kleinen aber qualitativ hochstehenden Winzergenossenschaften des Markgräflerlandes.

Was ?

Die Philosophie der Winzergenossenschaft ist auf gehobene Qualität und regionale Authentizität ausgerichtet. Dabei helfen die überschaubare Größe, kurze Wege und eine konsequente Ertragsregulierung wie beim Spätburgunder SL, einem Selektionswein vom Höllberg, der 22 Monate in kleinen Eichenfässern reift.

Wann ?

Öffnungszeiten:
Mo bis Fr von 08:00 bis 12:30
und   von 13:30 bis 18:00
Sa   von 09:00 bis 13:00
Informationen:
Tel. +49-7631-4020
info@huegelheimer-wein.de
www.huegelheimer-wein.de

Wo ?

Basler Straße 12
79379 Müllheim-Hügelheim
Individualverkehr:
Die Winzergenossenschaft liegt an der B3 in Hügelheim gegenüber der Einmündung der Markgrafenstraße.
ÖPNV:
Will-Bus Linie 261
SWEG-Bus Linie 7240.5

Kapitel IV

Zwischen Heitersheim und dem Münstertal

Kapitel IV
Zwischen Heitersheim und dem Münstertal

80	S. 198	Buggingen - Kalimuseum	94	S. 226	Heitersheim - Villa urbana
81	S. 200	Betberg - Ev. Kirche	95	S. 228	Heitersheim Malteserschloss
82	S. 202	Sulzburg-Laufen Königin und Prinzessin	96	S. 232	Heitersheim - Johanniter-Malteser-Museum
83	S. 204	Winzerkeller Laufener Altenberg	97	S. 234	Heitersheim - Villa artis
84	S. 206	Sulzburg-Laufen Staudengärtnerei	98	S. 236	Schmidhofen Felix- und Nabor-Kapelle
85	S. 208	Sulzburg - Stadtbild	99	S. 238	Staufen-Grunern Straußenwirtschaft Probst
86	S. 210	Sulzburg - St. Cyriak			
87	S. 212	Sulzburg Landesbergbaumuseum	100	S. 240	Staufen-Grunern Haus der Modernen Kunst
88	S. 214	Sulzburg - Ehem. Synagoge	101	S. 242	Staufen - Stadtbild
89	S. 216	Sulzburg - Jüdischer Friedhof	102	S. 246	Staufen Marktplatz und Rathaus
90	S. 218	Ballrechten-Dottingen Castellberg	103	S. 248	Staufen - Stadtmuseum
91	S. 220	Ballrechten-Dottingen Gerichtseiche	104	S. 250	Staufen - Dr. Faust
			105	S. 252	Staufen - Huchel und Kästner
92	S. 222	Ballrechten-Dottingen Kirche St. Arbogast	106	S. 254	Staufen - Puppenmuseum
			107	S. 256	Staufen - Die Krone
93	S. 224	Heitersheim - Stadtbild	108	S. 258	Staufen - Ehem. Stadtschloss

109	S. 260	Staufen Weingut Peter Landmann
110	S. 262	Staufen Auerbachs Kellertheater
111	S. 264	Staufen - Kirche St. Martin
112	S. 266	Staufen - Schlossberg
113	S. 268	Staufen Tango- und Bandoneonmus.
114	S. 270	Staufen - Keramikmuseum
115	S. 272	Staufen - Kapellenrundgang
116	S. 274	Münstertal - Landschaft
117	S. 276	Münstertal Museum Münstertal
118	S. 278	Münstertal - St. Trudpert
119	S. 282	Münstertal Bienenkundemuseum
120	S. 284	Münstertal - Schwarzwaldhaus
121	S. 286	Münstertal - Besucherbergwerk Teufelsgrund
122	S. 288	Münstertal Käserei Glocknerhof

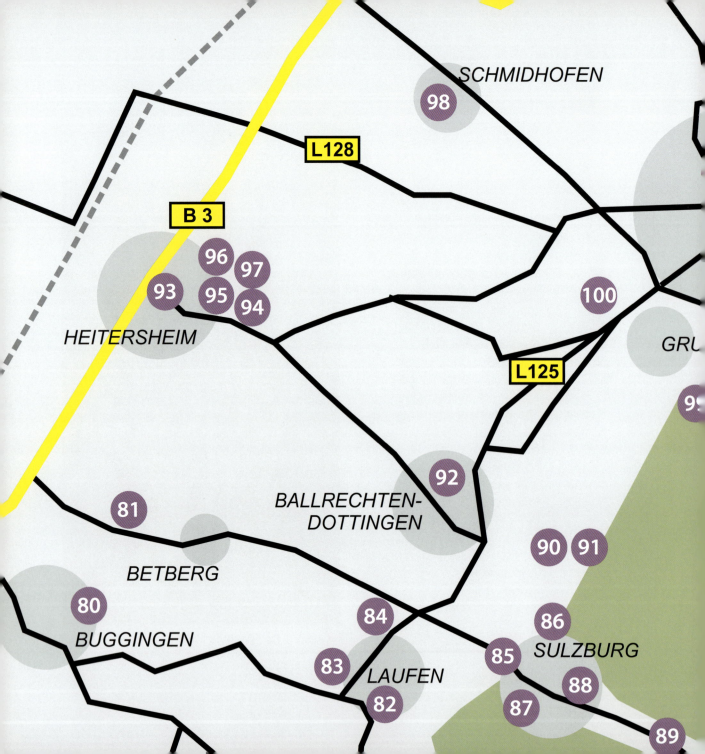

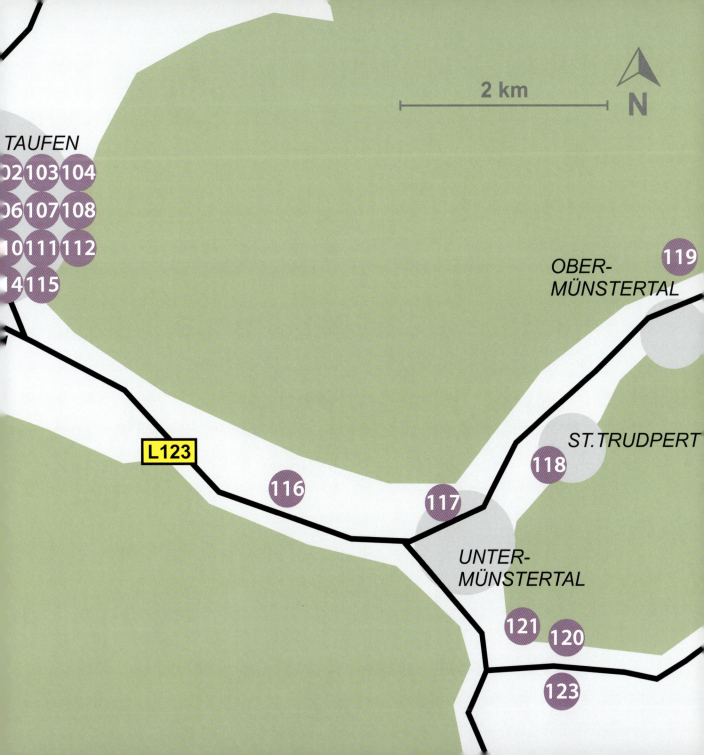

Buggingen Kalimuseum

Der Kalibergbau in Buggingen hat seinen Ursprung in Erkundungsbohrungen zu Beginn des 20. Jh. Die Förderung begann in den 20er Jahren und erreichte ihren Höhepunkt in den 60er Jahren mit rund 1.200 Beschäftigten und über 740 Tausend Tonnen Jahresförderung an Rohsalz. Mitte der 70er Jahre wurde die Förderung dann wegen unzureichender Wirtschaftlichkeit eingestellt.

Bereits 1996 wurde an der Hauptstraße von Buggingen ein erstes Kalimuseum eröffnet. 2001 begann eine kleine Gruppe ehemaliger Bergmänner, zum Zeitvertreib einen früheren Wein- und Luftschutzkeller zum Besucherstollen auszubauen. Mit den Jahren entstand so ein Netz von über 170 Metern an Stollen mit Lüftungsschächten und einer reichhaltigen Sammlung an Bergbaugeräten bis hin zum funktionsfähigen Panzerförderer. Seit 2009 ist das Haus neben dem Besucherstollen auch der neue Sitz des Kalimuseums.

Was ?

Museum zur Geschichte des Kalibergbaus in Buggingen. Besucherstollen. Zahlreiche noch funktionsfähige Maschinen und Installationen. Großer Spass für Jung und Alt.

Wann ?

Öffnungszeiten:
So von 15:00-17:00
Nach Vereinbarung:
Gemeindeverwaltung Buggingen
Frau Susanne Schmidt
Tel. +49-7631-1803-20
gemeinde@buggingen.de

Wo ?

Am Sportplatz 6a
79426 Buggingen
Individualverkehr:
Zufahrt von der B3 über den Breitenweg und Blauenweg zum Sportplatz. Das Museum liegt in der SW-Ecke.
ÖPNV:
Will-Bus Linie 261
SBG-Bus Linie 724

Betberg
Evangelische Kirche

Die Kirche liegt malerisch inmitten eines alten Friedhofs auf einer kleinen Erhebung oberhalb des Dorfs. An ihrer Stelle befand sich vermutlich bereits ein vorchristliches Heiligtum, erwähnt wird die Kirche erstmals Ende des 8. Jh. und ist damit eine der ältesten Kirchen im Markgräflerland.

Der heutige Bau geht auf die romanische Zeit zurück. Bei einer Renovierung in den 70er Jahren des letzten Jahrhunderts wurden romanische Fresken freigelegt.

Was ?

Malerische Lage
über dem Dorf.
Reste des alten Friedhofs.
Gotische Fresken.
Schöne Glasfenster.

Wann ?

Öffnungszeiten:
Tagsüber geöffnet.
Information zu Öffnungszeiten:
Kirchengemeinde Betberg-
Seefelden
Noblingstraße 4
79426 Buggingen-Betberg
Tel. +49-7634-2896
betberg@web.de

Wo ?

Individualverkehr:
Von der B3 in Seefelden über die
Betberger Straße und Bugginger
Straße nach Betberg, dort in die
Noblingstraße.
ÖPNV:
WILL-Bus Linie 261 nach Seefel-
den, dann weiter zu Fuß nach
Betberg.

Sulzburg-Laufen
Königin und Prinzessin

Was?

Bei der Wahl zur 67. Deutschen Weinkönigin setzte sich Josefine Schlumberger gegen eine Vielzahl von Konkurrentinen durch und wird nun ihr Amt ein Jahr ausüben, um Deutschen Wein in der ganzen Welt zu repräsentieren. 2014 war sie Badische Weinkönigin, begleitet von der Markgräfler Weinprinzessin Melissa Fünfgeld, nun Badische Weinprinzessin.

Wann?

Die Wahl zur Deutschen Weinkönigin erfolgt immer im September. Die Amtszeit berträgt ein Jahr.

Wo?

Auskünfte bei der Tourist-Info in Sulzburg.
Tel. +49-7634-5600-40
tourist-info@sulzburg.de
Mo bis Fr   von 08:00 bis 12:00
Di und Mi   von 14:00 bis 16:00
Do   von 14:00 bis 18:00

Winzerkeller Laufener Altenberg

Der Winzerkeller Laufener Altenberg blickt auf eine über 80 Jahre alte Tradition zurück. Heute bewirtschaften rund 150 Winzer ebensoviel Hektar Rebfläche, davon entfallen ca. 100 Hektar auf die beiden Rebsorten Gutedel und Spätburgunder.

Das Sortiment reicht von Lagenweinen in Literflaschen bis zur Premium Edition aus von Hand gelesenen Trauben alter Reben.

Dies alles können Sie nicht nur im Shop kaufen sondern auch vor Ort in der gemütlichen Vinothek genießen.

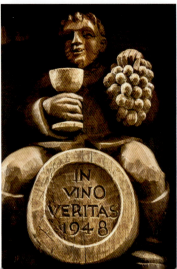  

Was?

Im Shop finden Sie nicht nur ein umfassendes Weinangebot vom Lagenwein bis zur Premiumqualität sondern auch Obstbrände und zahlreiche Geschenkideen.
Die Vinothek bietet ein gemütliches Ambiente für Weinproben und Veranstaltungen.

Wann?

Öffnungszeiten
Mo-Fr   von 08:30 bis 18:00
Sa   von 09:00 bis 12:30
So und Feiertag von 10:00 bis 13:00
Für Veranstaltungen:
Winzerkeller Laufener Altenberg
Tel. +49-7634-560516
Fax +49-7631-3680-80
info@auggener-wein.de
www.laufener-weine.de

Wo?

Weinstraße 48
79295 Sulzburg-Laufen
Individualverkehr:
Von der B3 in Müllheim über die L131 auf die L125, dann über Zunzingen und Britzingen nach Laufen. Von der B3 in Heitersheim über die K4941 bei Ballrechten-Dottingen auf die L125. Der Winzerkeller liegt am südlichen Ortseingang.
ÖPNV:
Will-Bus Linie 261

Sulzburg-Laufen
Staudengärtnerei

84

Was ?

Die bekannte Staudengärtnerei wurde 1926 von Helen Gräfin von Zeppelin gegründet. Ursprünglich auf Iris-Züchtungen spezialisiert, umfasst das Angebot heute über 2.500 Staudenarten und –sorten, sowie Accessoires, die Buchhandlung und das gemütliche Lilien-Café.

Wann ?

November bis Februar
Ladengeschäft:
Mo bis Sa von 10:00 bis 18:00
Café:
Mo bis So von 10:00 bis 18:00
März bis Oktober:
Gärtnerei und Café:
Mo bis Sa von 09:00 bis 18:00
Café: So von 10:00 bis 18:00
Gärtnerei an Verkaufssonntagen von 11:00 bis 14:00 (z.B. Beetstunde)

Wo ?

Staudengärtnerei
Gräfin von Zeppelin
Weinstraße 2
79295 Sulzburg-Laufen
+49-7634-55039-0
Individualverkehr:
Direkt an der Weinstraße L125 gelegen.
ÖPNV:
Will-Bus Linie 261

Sulzburg Stadtbild

Sulzburg wurde erstmals 821 erwähnt, 1008 erhielt es das Marktrecht und für 1280 ist bereits das Stadtrecht nachgewiesen. Damit ist Sulzburg eine der ältesten und mit rund 2.600 Einwohnern auch eine der kleinsten Städte Deutschlands.

Lange Zeit war Sulzburg ein Besitz der Balsler Bischöfe, die dort Silberbergbau betrieben. Zu Beginn des 16. Jh. kam die Stadt dann an die Markgrafschaft Baden und war zeitweise auch die Residenz der Markgrafen im badischen Oberland. Das Schloss wurde später größtenteils zerstört, nur der Renaissanceflügel blieb erhalten und beherbergt heute das bekannte Auktionshaus Kaupp.

Zu den bekanntesten Sehenswürdigkeiten gehören die Kirche St. Cyriak, die ehemalige Synagoge, der jüdische Friedhof und das Landesbergbaumuseum in einer ehemaligen Kirche.

Das Stadttor von Sulzburg gehört zu den ungewöhnlichsten der Regio. Der ursprünglich mehrstöckige mittelalterliche Turm wurde im 18. Jh. bis auf den ersten Stock gekappt und mit einem barocken Walmdach versehen.

Ein weiteres interessantes Bauwerk ist das Haus neben der Kirche St. Cyriak. Als jüdisches Schulhaus erbaut, wurde es 1843 zum Geburtshaus von Ernst Leitz, dem Erfinder der Kleinbildkamera namens Leica.

Daneben bietet Sulzburg zahlreiche malerische Winkel mit schönen Ansichten.

Was ?

Sulzburg bietet neben zahlreichen großen und kleinen Sehenswürdigkeiten auch eine Reihe von Veranstaltungen, wie zum Beispiel den Herbstmark alljährlich an einem Wochenende im September.

Wann ?

Öffnungszeiten der Highlights siehe Einzelbeschreibungen.
Informationen zu Öffnungszeiten und Veranstaltungen:
Tourist Information
Tel. +49-7634-5600-40
tourist-info@sulzburg.de
Mo bis Fr   von 08:00 bis 12:00
Di und Mi   von 14:00 bis 16:00
Do   von 14:00 bis 18:00

Wo ?

Individualverkehr:
Von der B3 über die Johanniterstraße, die Alfred-Löffler-Straße und die K4941 in die Hauptstraße.
ÖPNV:
SWEG-Bus Linie 113
Will-Bus Linie 261

Sulzburg
St. Cyriak

Im Jahr 993 richtete der breisgausche Grafe Birchtlio an Kaiser Otto III eine Bittschrift, eine Basilika errichten zu dürfen. Nach seinem Tod 1005 wurde er dort begraben. Sein Grab befindet sich unter einer Gedenkplatte mit den Anfangsworten der Bittschrift.

Sein Sohn übergab die Kirche dem Bischof von Basel, der sie den Benediktinerinnen zur Gründung eines Klosters übertrug. Der Kirchturm aus dem frühen 11. Jh. gilt als der älteste erhaltene Kirchturm in Südwestdeutschland. Ebenfalls im 11. Jh. wurden die Krypta und der erhöhte Chor angelegt.

In der Folgezeit wurde die Kirche wiederholt umgebaut und erweitert. Nach der Reformation verfiel die Kirche zusehends. In den 60er Jahren wurde sie dann gründlich renoviert, dabei wurde der ottonische Charakter des Bauwerks weitgehend wieder hergestellt.

Die in einer Turmnische stehende Christusfigur mit einem Stifterpaar befand sich ursprünglich in der 1309 geweihten und später abgerissen Michaelskapelle. Die Malereien stammen überwiegend aus der gotischen Zeit.

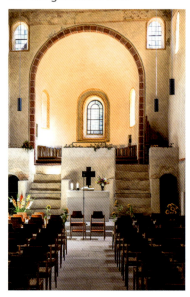

Was ?

Ältester Kirchturm im Südwesten Deutschlands und eine der wenigen Kirchen mit ottonischem Charakter.
Christusfigur in der Turmnische.
Reste gotischer Wandgemälde.
Barockes Grabepitaph.
Malerischer Friedhof mit schönem Blick auf die Kirche.
Geburtshaus von Ernst Leitz.

Wann ?

Öffnungszeiten:
Die Kirche ist tagsüber geöffnet.
Informationen:
Evang. Kirchengemeinde Sulzburg
Hauptstraße 74
79295 Sulzburg
Tel. +49-7634-592179
sulzburg@kbz.ekiba.de
Di, Mi und Do von 08:00 bis 12:00

Wo ?

Individualverkehr:
Von der Hauptstraße, über die Klostergasse auf den Klosterplatz. Dort steht auch das Geburtshaus von Ernst Leitz.
ÖPNV:
SWEG-Bus Linie 113,
Will-Bus Linie 261.

Sulzburg
Landesbergbaumuseum

Schon die Kelten betrieben den Abbau von Salz, später wurde im Tal vor allem Silber abgebaut, eine Quelle des Reichtums für den Basler Bischof, aber auch für die Stadt und ihre Bürger. Im 16. Jh. sollen über 500 Bergleute in Sulzburg geschürft haben.

Das Gebäude des Bergbaumuseums ist für ein solches recht ungewöhnlich, handelt es sich dabei doch um die ehemalige Stadtkirche von 1836, die in den 80er Jahren zum Museum umgestaltet wurde.

Das Erdgeschoß zeigt an Hand alter Bergbaugeräte, Kunstgegenstände und eindrucksvoller Grubenpläne eine zentrale Ausstellung zum Salzbergbau und zum Gangerzbau in Süddeutschland. Das Obergeschoß ist für Sonderausstellungen vorgesehen.

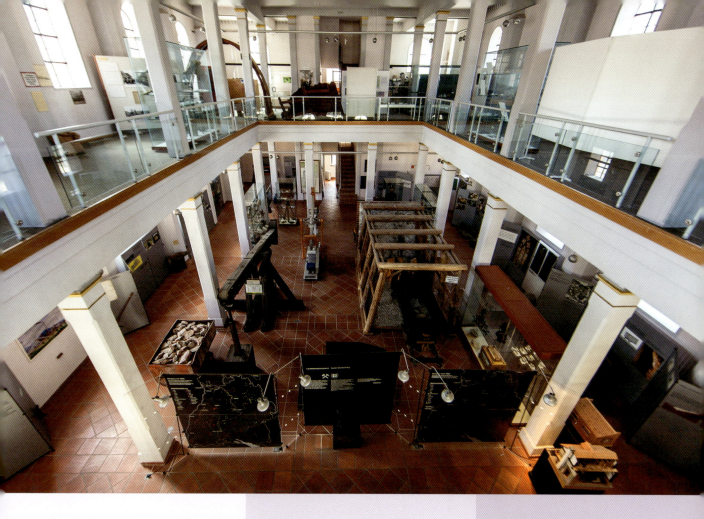

Was ?

Bergbaumuseum in einer dafür ungewöhnlichen alten Kirche. Guten Überblick zur Geschichte des Bergbaus in Süddeutschland von der Steinzeit bis in die jüngste Vergangenheit.
Zahlreiche alte Bergbaugeräte. Darstellung des Jaspis-Bergbaus zur Feuersteingewinnung.

Wann ?

Öffnungszeiten:
Di bis So von 14:00 bis17:00 und nach Vereinbarung.
Informationen:
Tourist Information
Tel. +49-7634-5600-40
tourist-info@sulzburg.de
Mo bis Fr   von 08:00 bis 12:00
Di und Mi   von 14:00 bis 16:00
Do   von 14:00 bis 18:00

Wo ?

Landesbergbaumuseum
Am Marktplatz
79295 Sulzburg
In einer alten Kirche an der Ecke Hauptstraße und Marktplatz.

Sulzburg
Ehemalige Synagoge

Die jüdische Geschichte Sulzburgs geht sicher auf das 16. Jh., möglicherweise bereits auf das 15. Jh. zurück. Ende des 16. Jh. wurde die jüdische Bevölkerung aus der Markgrafschaft und damit auch aus Sulzburg vertrieben, eine Wiederansiedlung wurde erst zu Beginn des 18. Jh. möglich. Der im Vergleich zur Markgrafschaft starke Antisemitismus in Vorderösterreich förderte die jüdische Zuwanderung in Sulzburg. Um 1860 war rund ein Drittel der 1200 Köpfe zählenden Stadtbevölkerung jüdischen Glaubens.

Die 1822 im Weinbrennerstil erbaute Synagoge wurde 1938 von den Nazis geplündert, aber wegen der engen Bebauung wurde sie nicht angezündet und ist damit eine der wenigen erhaltenen großen Synagogen in Südwestdeutschland. Heute wird das Gebäude nach Renovation im Stil Friedrich Weinbrenners als Gedenkstätte und für Austellungen genutzt.

Was ?

Eine der wenigen erhaltenen großen Synagogen in Südwestdeutschland und Zeugnis der langen und bewegten jüdischen Geschichte in Sulzburg. Wechselnde Ausstellungen und Veranstaltungen.

Wann ?

Öffnungszeiten:
Am ersten und letzten Sonntag im Monat von 16:00-18:00.
Informationen:
Tel. +49-7634-560040

Wo ?

Gustav-Weil-Straße 20
79295 Sulzburg

Von der Haupstraße über die Ernst-Bark-Gasse oder die Alte Postgasse in die Gustav-Weil-Straße.

Sulzburg
Jüdischer Friedhof

Was ?

Der Friedhof wurde zu Beginn des 18. Jh. angelegt, aus dieser Zeit stammt auch die Friedhofshalle im Eingangsbereich. Die Lage im Sulzbachtal hat die über 450 Grabsteine während der Nazizeit vermutlich vor Vandalismus bewahrt.

Wann ?

Öffnungszeiten:
Tagsüber geöffnet außer an Samstagen und jüdischen Feiertagen.

Wo ?

Vom Zentrum in Sulzburg ca. einen Kilometer über die Badstraße ins Sulzbachtal.
Der Eingang zum Friedhof liegt auf der rechten Seite im Bereich eines Campingplatzes.

Ballrechten-Dottingen Castellberg

Der Castellberg und der benachbarte Fohrenberg gehören mit ihren steilen Weinlagen, den Trockenmauern und Steintreppen sowie der schon teilweise mediterranen Pflanzen- und Tierwelt zu den schönsten Kulturlandschaften des Markgräflerlandes.

In einem interessanten Pilotprojekt haben Regierungspräsidium und Gemeinde ein Mobilfunk gestütztes Informationssystem eingerichtet, über das Informationen zum Rundgang am Castellberg abgerufen werden können.

Was?

Rundgang um den Castellberg mit interessanten Informationen über ein Mobilfunk gestütztes Informationssystem.
Trockenmauern mit mediterraner Pflanzen- und Tierwelt.
Schöne Ausblicke ins Rheintal, den Fohrenberg und auf Sulzburg.
Burgruine auf der Kuppe des Castellberges.

Wann?

Jederzeit frei zugänglich.

Wo?

Individualverkehr:
Von der Weinstrasse L125 in den Burgweg. Dann zum Wanderparkplatz Gerichtseiche.
Der Rundweg um den Castellberg kann gut mit einem Besuch der Gerichtseiche kombiniert werden.
ÖPNV:
Will-Bus Linie 261
SWEG-Bus Linie 113

Ballrechten-Dottingen
Gerichtseiche

Was ?

Geschaffen wuirde die Gerichtseiche vom Freiburger Künstler Thomas Rees, der vornehmlich an Objekten und Installationen in freier Natur arbeitet und eine Vorliebe für alte Bäume hat. Die Gerichtseiche ist ca. 400-500 Jahre alt.

Wann ?

Jederzeit frei zugänglich.
Da in der Umgebung der Gerichtseiche zahlreiche Kirschbäume stehen, hat ein Besuch während der Blüte- oder Reifezeit zusätzlichen Reiz.

Wo ?

Die Gerichtseiche steht am Nordöstlichen Ende des Castellberges.
Individualverkehr:
Von der Weinstrasse L125 in den Burgweg. Die Gerichtseiche steht am Waldrand.
Der Besuch der Gerichtseiche kann gut mit einem Weg um den Castellberg kombiniert werden.
ÖPNV:
Will-Bus Linie 261
SWEG-Bus Linie 113

Ballrechten-Dottingen
Kirche St. Arbogast

Das Langhaus der Kirche hat seinen Ursprung im 11. Jh., der Chor stammt vermutlich aus dem 14. Jh.. Erstmals urkundlich erwähnt wurde die Kirche in der ersten Hälfte des 15. Jh..
Die drei Figuren des Hauptaltars, in der Mitte der hl. Arbogast, wirken mit ihren gedrungenen Figuren und wohlgenährten Gesichtern nicht sehr leidend. Links davon befindet sich ein Muttergottesaltar, rechts die heilige Barbara. Alle Skulpturen stammen aus der 2. Hälfte des 15. Jh..

Was?

Schöner Rundgang um die Kirche. Hauptaltar und Seitenaltäre mit Skulpturen aus dem 15. Jh.

Wann?

Öffnungszeiten:
Tagsüber geöffnet.
Informationen:
Seelsorgeeinheit Heitersheim
Johanniterstraße 74
79423 Heitersheim
Tel. +49-7634-551615
kath.pfarramt@seelsorgeeinheit-heitersheim.de

Wo?

Individualverkehr:
Von der B3 in Heitersheim über die K4941 nach Dottingen, dann rechts über die Neue Kirchstraße und die Mühlenstraße in die St.-Arbogast-Straße.
ÖPNV:
Will-Bus Linie 261
SBG-Bus Linie 7243
SWEG-Bus Linie 113

Heitersheim
Stadtbild

Die Stadt mit ihren rund 6.000 Einwohnern besteht aus der Kernstadt Heitersheim sowie seit der Gemeindereform Anfang der 1970er Jahre aus dem Stadtteil Gallenweiler.

Der Siedlungsort erfreute sich bereits bei Kelten und Römern großer Beliebtheit. Von letzteren blieb die Villa Urbana erhalten, eine der Hauptsehenswürdigkeiten der Stadt.

Die mittelalterliche und neuzeitliche Geschichte wurde in Heitersheim vom Orden der Johanniter und Malteser und seiner großen Schlossanlage am Stadtrand geprägt, von der aus zeitweise die gesamten deutschen Besitzungen des Ordens verwaltet wurden.

Neben diesen beiden überregionalen Sehenswürdigkeiten verfügt Heitersheim auch über ein ansehnliches und mitunter futuristisches Stadtbild, einen schönen Spazierweg entlang des Sulzbaches sowie ein Altes Rathaus mit neugotischer Fassade und Staffelgiebel.

Was?

Die Villa Urbana und die Schlossanlage sind auf den folgenden Seiten beschrieben.
Altes Rathaus mit neugotischer Fassade.
Schöner Spaziergang entlang des Sulzbaches.
Spaziergang über die Hauptstraße, gut mit dem Sulzbach zu einem Rundweg zu kombinieren.

Wann?

Jederzeit frei zugänglich.
Touristinfo im Bürgermeisteramt
Hauptstraße 9
79423 Heitersheim
Tel. +49-7634-402-12
tourist-info@heitersheim.de
Mo bis Fr von 08:00 bis 12:00
Mo, Di, Mi, Fr von 14:00 bis 16:00
Do von 14:00 bis 18:00

Wo?

Individualverkehr:
Von der B3 über die Poststraße in die Hauptstraße.
ÖPNV:
Will-Bus Linie 261
SBG-Bus Linien 7240 und 7243
DB-Bahn, Station Heitersheim

Heitersheim
Villa urbana

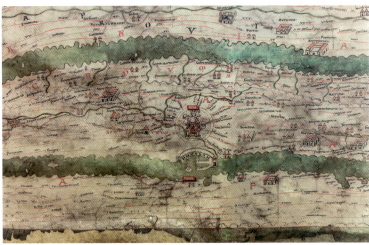

Im 1. Jh. n.Ch. errichtete ein römischer Großgrundbesitzer in der Ebene zwischen Rhein und Schwarzwald eine Villa, die aus einem herrschaftlichen Wohnbereich mit rund 1.000 Quadratmeter Grundfläche und aus einem landwirtschaftlichen Teil mit Äckern und Gärten bestand. Eine Mauer umfasste das insgesamt rund 5,5 Hektar große Gelände.

Die Villa bestand bis zur Mitte des 3. Jh.. Ende der 80er Jahre des letzten Jahrhunderts wurde sie über Luftbilder in einem Acker lokalisiert und ausgegraben. Dabei wurden der Keller mit Treppen und Nischen freigelegt, sowie ein 18 Meter langes Wasserbecken rekonstruiert.

Die Villa war mit allen Annehmlichkeiten der römischen Zeit wie fließendes Wasser und einem Hypokaustum, einer Warmluftheizung der Böden und Wände, ausgestattet.

Was ?

Erste entdeckte rechtsrheinische Villa Urbana.
Eindrucksvolle Rekonstruktion römischen Lebens am Oberrhein.
Darstellung des Straßennetzes im römischen Imperium.
Informative Schautafeln.

Wann ?

Öffnungszeiten:
Ende Mär bis Anfang Nov.
Di bis Sa von 13:00 bis 18:00
So   von 11:00 bis 18:00
Führung:
So um 15:00
Informationen und Anmeldungen zu Führungen:
Tel. +49-7634-595347 zu den Öffnungszeiten des Museums.

Wo ?

Johanniterstraße 89
79423 Heitersheim
Individualverkehr:
Von der A5 oder der B3 über die K4941 durch Heitersheim zum Ortsausgang Richtung Sulzburg.
ÖPNV:
Will-Bus Linie 261
SBG-Bus 7240
Station Malteserschloss

Heitersheim
Malteserschloss

Das Schloss hat seine Wurzeln in einem Fronhof des elsässischen Klosters Murbach aus dem 8. Jh., der im 13. Jh. von Gottfried von Staufen den Johannitern geschenkt wurde. Diese erwarben in der Folge durch Kauf und Schenkung umfangreiche Ländereien hinzu und machten Heitersheim zu Beginn des 15. Jh. zum Sitz des deutschen Großpriors.

Vom Beginn des 16. Jh. an bauten sie die Anlage zur größten Tiefburg im südwestdeutschen Raum um, die trotz verschiedener Rück- und Umbauten noch heute in weiten Teilen erhalten ist.

Seit dem Ende des 19. Jh. gehört die Schloßanlage dem Orden der Barmherzigen Schwestern zum heiligen Vincenz von Paul und dient als Schule, Werkstatt und Unterkunft für geistig behinderte Menschen.

Erhalten sind der Vorhof mit der ehem. Zehntscheune und dem Fruchtspeicher, der Schlosshof mit der alten und mächtigen Gerichtseiche, sowie die ehem. Kanzlei mit dem prächtigen Wappen eines Großpriors.

Was ?

Vorhof mit schöner Gartenanlage.
Ehem. Kanzlei mit Wappen eines Großpriors.
Johanniter- und Maltesermuseum.
Kräutergarten neben der ehem. Kanzlei.
Schlosshof mit Laubengang und alter Gerichtseiche.
Spätbarocke Kirche.
Schöner Blumengarten zwischen Ostflügel und Villa artis.

Wann ?

Öffnungszeiten:
Vorhof und Schlosshof sind jederzeit frei zugänglich.
Informationen:
Haus St. Ludwig
Staufener Straße 1
79423 Heitersheim
Tel. +49-7634-528-0
heitersheim
@vinzentinerinnen-freiburg.de

Wo ?

Johanniterstraße 91
79423 Heitersheim
Individualverkehr:
Von der A5 oder der B3 über die K4941 durch Heitersheim zum Ortsausgang Richtung Sulzburg.
ÖPNV:
Will-Bus Linie 261
SBG-Bus 7240
Station Malteserschloss

Heitersheim
Johanniter-Malteser-Museum

Das Museum ist in einem Kellergewölbe des spätbarocken Kanzleibaus aus der Mitte des 18. Jh. eingerichtet und gibt einen guten Überblick zur fast tausendjährigen Geschichte der Johanniter und Malteser.

Gegründet wurde der Orden Mitte des 11. Jh. durch italienische Kaufleute in Jerusalem nahe der Kirche des Hl. Johannes. Im Zuge der kriegerischen Auseinandersetzungen im Heiligen Land entwickelten die Johanniter im Laufe des 12. Jh. auch zunehmend militärische Fähigkeiten.

Nach dem Fall der Festung Akkon Ende des 13. Jh. gingen die Johanniter nach Zypern, später nach Rhodos, von wo sie zu Beginn des 16 Jh. von den Türken vertrieben wurden.

Nächste Station wurde die Insel Malta, die zum Namen des Ordens beigetragen hat und deren Hauptstadt umgekehrt nach einem Großmeister des Ordens Valetta genannt wird.

Nach dem Verlust Maltas an die Briten zu Beginn des 19. Jh. bezogen die Malteser ihr heutiges Domizil in Rom.

Infolge der Reformation entwickelte sich unter dem Namen Johanniter ein evangelischer Ordenszweig.

Heute sind die Malteser und Johanniter vor allem durch ihre jeweiligen Hilfsdienste bekannt, die Mitte des letzten Jahrhunderts gegründet wurden.

Was ?

Guter Überblick zur Ordensgeschichte der Johanniter und Malteser.
Ritterrüstungen und Figuren in historischen Ordenskleidern.
Zahlreiche Exponate wie Siegel und Dokumente.
Schautafeln zur Geschichte des Ordens.
Modell des Schlosses.

Wann ?

Öffnungszeiten:
Anfang Apr bis Ende Okt
So und Fei von 11:00 bis 18:00
Mi von 13:00 bis 18:00
Führungen:
So um 14:00, Infos und Anmeldung zu Führungen:
Tourist-Information Heitersheim
Hauptstraße 9 - 79423 Heitersheim
Tel. +49-7634-402-12
tourist-info@heitersheim.de

Wo ?

Staufener Straße 1
79423 Heitersheim
Individualverkehr:
Von der A5 oder der B3 über die K4941 durch Heitersheim zum Ortsausgang Richtung Sulzburg.
ÖPNV:
Will-Bus Linie 261
SBG-Bus 7240
Station Malteserschloss

Heitersheim
Villa artis

Die Villa artis liegt in unmittelbarer Nähe zur Villa urbana und zum Malteserschloss. An dieser Stelle stand ursprünglich ein Kornspeicher, der als Wirtschaftsgebäude Teil der Villa urbana war. Das heutige Gebäude ist der Form des römischen Kornspeichers nachempfunden.

Im Erdgeschoss befindet sich das Cafe artis, in dem sich Menschen mit und ohne Behinderung gemeinsam um das Wohl der Gäste kümmern. Neben Erfrischungen, Kaffe und Kuchen bietet das Cafe auch eine Auswahl an Bistrogerichten.

Im Obergeschoss befindet sich das Franz-Köberle-Kunst- und Kulturzentrum. In einem offenen Atelier bietet ein Team aus künstlerischen, pädagogischen und therapeutischen Fachleuten ein vielseitiges Programm von plastischem Gestalten und Malerei bis hin zu Tanz und Bewegung an.

Was ?

Idealer Platz für eine Erfrischung und einen kleinen Imbiss nach dem Besuch der Villa urbana und des Malteserschlosses.
Großer Kinderspielplatz.
Schöne Aussicht auf die Rheinebene und den Schwarzwald.

Wann ?

Cafe artis:
Di bis Do von 10:00 bis 18:00
Tel. +49-7634-6949-895
cafe-artis@caritas-freiburg.de
Franz-Köberle-Kunst- und Kulturzentrum:
Tel. +49-7634-6949-896
kunst-und-kulturzentrum@caritas-freiburg.de

Wo ?

Johanniterstraße 91
79423 Heitersheim
Individualverkehr:
Von der A5 oder der B3 über die K4941 durch Heitersheim zum Ortsausgang Richtung Sulzburg.
ÖPNV:
Will-Bus Linie 261
SBG-Bus 7240
Station Malteserschloss

Schmidhofen
Felix- und Nabor-Kapelle

Felix und Nabor waren römische Soldaten, die angeblich um 300 wegen ihres christlichen Glaubens in Mailand hingerichtet worden waren. Das ungewöhnliche Patrozinium kam vermutlich über das Kloster St. Trupert nach Schmidhofen.

Die Heiligen wurden bei Ohrenschmerzen angerufen, möglicherweise aufgrund des „or" in Nabor. Die erste urkundliche Erwähnung geht auf die zweite Häfte des 14. Jh. zurück.

Nachdem es zu Beginn des 18. Jh. angeblich zu einer Wunderheilung bei zwei Schwerhörigen gekommen sein soll, brach ein Walllfahrtsboom aus. Die Kapelle musste vergrößert werden und gegenüber wurde eine Herberge und Wirtschaft für die Pilger errichtet. Gutes Marketing hat sich schon immer gelohnt.

Aus der Wirtschaft hat sich zwischenzeitlich das Hotel und Restaurant „Zum Storchen" mit einem Michelin Stern entwickelt.

Was ?

Kapelle mit barocker Ausstattung und ungewöhnlichem Patrozinium.
Netter Spaziergang durch den Ort.
Restaurant mit Michelin Stern in einer ehemaligen Pilgerherberge.

Wann ?

Öffnungszeiten:
Täglich von 09:00 bis zum Einbruch der Dunkelheit.
Informationen:
Seelsorgeeinheit Bad Krozingen
Basler Straße 26
79189 Bad Krozingen
Tel. +49-7633-908949-0
pfarramt.st.alban@t-online.de

Wo ?

Individualverkehr:
Von der B3 über die K4983.
ÖPNV:
SWEG-Bus Linie 7240

Staufen-Grunern
Straußenwirtschaft Probst

Was ?

Probst`s Strauße ist die älteste Straußenwirtschaft im Markgräflerland. In den Weinbergen oberhalb Grunerns gelegen, bietet sie einen traumhaften Blick auf Staufen. Mit sonnigen Bänken, einem großzügigen Kinderspielplatz und ausgezeichneten Weinen von den Weingütern Zotz und Josef Walz ist, zusammen mit typischem Essen, für alle bestens gesorgt.

Wann ?

Von Ende Februar bis Anfang November von Di bis So ab 12:00. Mo Ruhetag mit Ausnahme der Feiertage.
Tel. +49-7633-7144
info@schleifsteinhof.de
www.schleifsteinhof.de

Wo ?

Probst`s Strauße
Alicja Bürgelin
Schleifsteinhof 2
79219 Staufen-Grunern
Individualverkehr:
Von der L125 über die Senkelgasse und den Brunnenstubenweg bergauf in die Weinberge.
ÖPNV:
SWEG-Bus Linie 113

Staufen-Grunern
Haus der Modernen Kunst

Das Haus der Modernen Kunst wurde 2007 eröffnet. Zusammen mit dem ART-CAFE verfügt das Haus über fast 400 Quadratmeter Ausstellungsfläche.

Es bietet Raum für die Galerie K, die Ausstellungen mit nationalen und internationalen Künstlern verschiedener Stilrichtungen veranstaltet und die auch einen umfangreichen Sammlungsbestand betreut.

In den beiden oberen Geschossen werden Wechselausstellungen gezeigt, im Untergeschoß befindet sich ein Grafik-Kabinett und Räume mit Werken aus früheren Ausstellungen. Im Erdgeschoß kann man sich im gemütlichen ART-CAFE erfrischen und in der Cafe-Bibliothek schmökern.

Die hellen Räume mit der gelungenen Architektur bieten einen schönen Rahmen für die Ausstellungen.

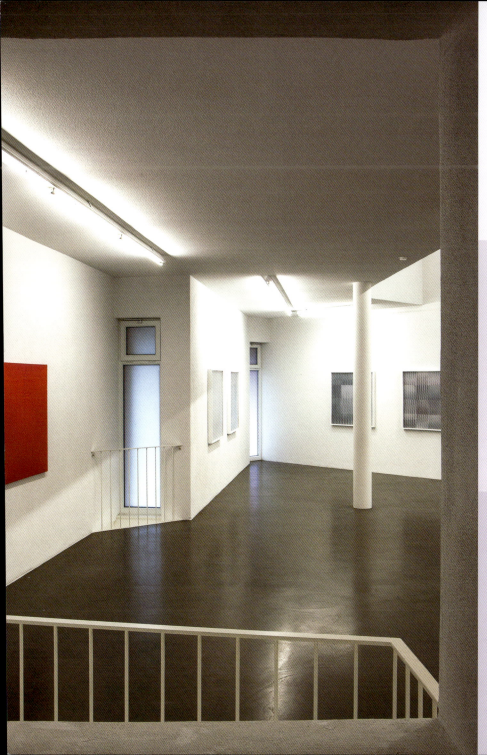

Was ?

Interessantes Gebäude mit gelungener Architektur. Dauer- und Wechselausstellungen nationaler und internationaler Künstler. Gemütliches Cafe mit Bibliothek.

Wann ?

Öffnungszeiten:
Do bis So von 15:00 bis 18:00
oder nach Vereinbarung:
Tel. +49-7633-929441
info@hausdermodernenkunst.de
www.hausdermodernenkunst.de

Wo ?

Haus der Modernen Kunst
Ballrechter Straße 19
79219 Staufen-Grunern
Individualverkehr:
Von der B3 über die K4983 und die L123 auf die L125 nach Grunern. Beim Restaurant Ambiente rechts ins Gewerbegebiet.
ÖPNV:
SWEG-Bus Linie 113

Staufen Stadtbild

  101

Staufen verdankt seinen Namen dem markanten Berg mit der Burgruine, der dem unteren Teil eines Weinbechers ähnelt, im Mittelalter „stouf" genannt. Dieser Becher war auch Namenspatron für die Herren von Staufen, die von der Mitte des 13. Jh. bis zum Beginn des 17. Jh. herrschten.

Heute zählt Staufen rund 8.000 Einwohner, verfügt über eine malerische Altstadt, mehrere interessante Museen und bietet gute Einkaufsmöglichkeiten.

Im Jahr 2007 wurden im Zusammenhang mit dem Bau einer Geothermieanlage für das Rathaus dort mehrere Sondierungsbohrungen niedergebracht. In der Folge kam es zu einem Wasserzutritt in eine mächtige Anhydritschicht. Anhydrit, auch Calciumsulfat genannt, verbindet sich mit Wasser zu Gips und vergrössert dabei sein Volumen um ca. 50 Prozent. Dadurch kam es im Bereich der Altstadt zu Hebungen um bis zu 70 Zentimeter, die noch immer andauern und die erhebliche Schäden an Gebäuden verursachen.

Staufen darf nicht zerbrechen!

Was ?

Malerische Altstadt mit Bächle.
Martinskirche.
Ehemaliges Stadtschloss.
Burgruine.
Stadtmuseum.
Keramikmuseum.
Puppenmuseum.
Kapellenrundweg.
Marktplatz und Rathaus.
Faustlegende.

Wann ?

Tourist-Information:
Hauptstraße 53
79219 Staufen
Tel. +49-7633-805-36
ti-staufen@muenstertal-staufen.de
Von Apr bis Okt
Mo bis Fr   von 09:00 bis 12:30
und   von 14:00 bis 17:30
Von Nov bis Mär
Mo bis Fr   von 09:00 bis 12:00
Mi, Mi und Fr von 14:00 bis 16:30

Wo ?

Individualverkehr:
Von der B3 aus Süden über die K4943 und von Norden über die L123 nach Staufen, dann von der Münsterstraße über den Fluß Neumagen auf den Großparkplatz, dann zu Fuß.
ÖPNV:
SWEG-Bus Linie 114
SBG-Bus Linie 7208 und 7240
SWEG-Bahn Linie 113

Staufen
Marktplatz und Rathaus

Staufen blickt auf eine lange Tradition als Marktstadt zurück, die bis ins 14. Jh. zurückreicht und der auch Johann Peter Hebel eines seiner Gedichte gewidmet hat:

„Z`Staufe uffem Märt
hen si, was me gehrt,
Tanz und Wi und Lustbarkeit,
was eim numme`s Herz erfreut,
z`Staufe uffem Märt!"

Prunkstück des Marktplatzes ist zweifellos das Rathaus aus der Mitte des 16. Jh., das die „Stube", als Sitz der Gemeindeverwaltung und das Salzhaus ersetzte. Das Gebäude ist eine interessante Kombination aus Stilelementen der späten Gotik und der folgenden Renaissance.

Davor steht der achteckige Marktbrunnen mit dem Brunnenmännle als Symbol der Marktgerechtigkeit.

Ursprünglich befanden sich auf der Marktseite des Rathauses offene Lauben, in denen das Markt- und Stadtgericht stattfand.

Der Platz ist von Restaurants und Cafes gesäumt, die zum Verweilen einladen.

Was ?

Zweimal wöchentlich Markt.
Rathaus mit Stilelementen der Spätgotik und der Renaissance.
Achteckiger Marktbrunnen mit Brunnenmännle.
Sitz der Tourist-Info im Rathaus.

Wann ?

Öffnungszeiten:
Von außen jederzeit zugänglich.
Marktzeiten:
Mi und Sa von 09:00 bis 13:00

Wo ?

Individualverkehr:
Von der B3 aus Süden über die K4943 und von Norden über die L123 nach Staufen, dann von der Münsterstraße über den Fluß Neumagen auf den Großparkplatz, dann zu Fuß.
ÖPNV:
SWEG-Bus Linie 114
SBG-Bus Linie 7208 und 7240
SWEG-Bahn Linie 113

Staufen Stadtmuseum

Das Stadtmuseum im Staufener Rathaus zeigt auf zwei Stockwerken eine übersichtliche aber informative Sammlung zur Geschichte Staufens.

Dazu gehören neben verschiedenen Fundstücken wie steinzeitliche Bergbauwerkzeuge auch ein Tafelbild des Heiligen Nepomuk, und in Staufen darf Mephisto natürlich nich fehlen.

Sehenswert ist auch das alte Uhrwerk, das seit dem Ende des 19. Jh. die Uhr am Staufener Rathaus zuverlässig antreibt.

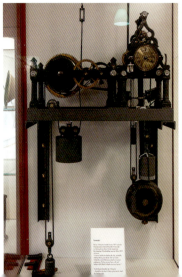

Was ?

Eine übersichtliche aber informative Sammlung zur Geschichte Staufens.
Multimediastation mit fünf Kapitel, unter anderem eine spannende digitale Zeitreise.
Interessant auch die steinerne Wendeltreppe , die in den ersten Stock führt und die deutliche Spuren der Staufener Bodenhebungen zeigt.

Wann ?

Öffnungszeiten:
Mo   von 08:00 bis 12:00
und   von 14:00 bis 18:00
Di bis Fr   von 08:00 bis 12:00
So   von 14:00 bis 17:00
Von Dez bis Feb am Wochenende geschlossen.
Führungen und Anfragen:
Tourist-Information Staufen
Tel. +49-7633-805-36
ti-staufen@muenstertal-staufen.de

Wo ?

Stadtmuseum im Rathaus
Hauptstraße 53
79219 Staufen im Breisgau
Das Museum befindet sich im Erdgeschoß und im ersten Stock des Rathauses am Marktplatz, unmittelbar neben der Tourist-Information.

Staufen
Dr. Faust

Der 1480 geborene Dr. Faust war für seine Anhänger ein Wunderdoktor, Alchemist, Astrologe und Wahrsager, für seine Gegner ein Scharlatan, Betrüger und Hochstapler; vermutlich hatten beide Seiten recht.

Dr. Faust zog durch die deutschen Städte bis er schließlich um 1540 in Staufen in einem Zimmer des Gasthofs zum Löwen beim Versuch, Gold herzustellen, durch eine chemische Explosion ums Leben kam. Ein Bild mit Inschrift an der Fassde des Löwen erinnert daran.

Schon bald nach seinem Tod setzte die Sagenbildung ein, die immer phantasievoller wurde. Unsterblich wurde Dr. Faust durch die zweiteilge Bearbeitung von Johann Wolfgang von Goethe.

Die Geschichte des Dr. Faust und viel Interessantes über Staufen erfährt man auf einer historischen Tour abwechselnd von ihm selbst und von Mephisto. Sehr sehenswert.

Was ?

Bild mit Inschrift am Gasthof zum Löwen. Sehenswerte Mephisto-Tour durch Staufen mit vielen Informationen über Dr. Faust und die Stadt.

Wann ?

Mephisto-Tour von Anfang April bis Ende Oktober jeden Freitag um 16:00.
Sonderveranstaltungen zu „Mephistos Faust" nach Vereinbarung unter Outdoor Theater
Kaiserstuhlweg 3 A
79219 Staufen
Tel. +49-7633-924704
info@mephistotour.de

Wo ?

Der **Gasthof zum Löwen** liegt in der Hauptstraße an der Ecke zum Marktplatz.
Tickets für die Mephistotour bei der Tourist-Information im Rathaus Hauptstraße 53 (am Marktplatz)
Tel. +49-7633-805-36
oder im Outdoor-Theater

Staufen
Huchel und Kästner

Die Lebensläufe der beiden Schriftsteller Peter Huchel und Erhart Kästner spiegeln die deutsche Gesellschafts- und Literaturgeschichte vom Kaiserreich bis zum geteilten Deutschland exemplarisch wieder.

Erhart Kästner wurde vor allem durch seine Bücher über Griechenland bekannt, das er im Zweiten Weltkrieg als Besatzungssoldat kennengelernt hatte. Staufen wurde für ihn 1968 bis zu seinem Tod 1974 sein Altersruhesitz.

Der durch seine Lyrik berühmte Peter Huchel wurde in der DDR jahrelang verfolgt und durfte schließlich 1971 ausreisen. Auf Vermittlung Kästners ließ er sich ein Jahr später ebenfalls in Staufen nieder, wo er bis zu seinem Tod 1981 lebte. Nach ihm ist der wichtigste deutsche Lyrikpreis benannt, der jährlich vergeben wird.

Beide Schriftsteller verband eine enge Freundschaft, die sie in täglichen Spaziergängen pflegten.

Was ?

Sehr gut gestaltete Ausstellung im malerischen Stubenhaus. Interessanter Überblick über das Leben und Schaffen der beiden Schriftsteller und über die zeitgeschichtlichen Zusammenhänge.

Wann ?

Öffnungszeiten:
Do und So von 15:00 bis 18:00
oder auf Anfrage:
Tel. +49-7633-80536

Wo ?

Huchel und Kästner in Staufen
im Stubenhaus
Hauptstraße 56a
79219 Staufen im Breisgau
Der Eingang zur Ausstellung liegt in einem Hof des Stubenhauses, zugänglich über einen Durchgang von der Hauptstraße. Das Stubenhaus liegt direkt gegenüber dem Gasthodf Löwen mit seiner Faustlegende.

Staufen
Puppenmuseum

Was ?

Das Puppenmuseum bietet neben einer umfassenden Sammlung an Puppen und Puppenstuben mit zahlreichen Exponaten aus der Zeit von 1750 bis 1950 auch die Reparatur von Puppen und Bären sowie Nähkurse für Puppenkleidung und Puppenkurse an.

Wann ?

Öffnungszeiten:
Di bis So von 11:00 bis 18:00
Gruppenführungen:
Nach vorheriger Anmeldung.
Te. +49-7633-4069036
info@puppenmuseum-staufen.de
www.puppenmuseum-staufen.de

Wo ?

Hauptstraße 25
79219 Staufen
Das Museum liegt an der Hauptstraße in der Fußgängerzone, ca. 120 Meter vom Marktplatz Richtung Burgruine.
ÖPNV:
SWEG-Bus Linie 114
SBG-Bus Linie 7208 und 7240
Station Staufen Bahnhof.
Dann über die Bahnhofstraße in die Hauptstraße Richtung Marktplatz.

Staufen
Die Krone

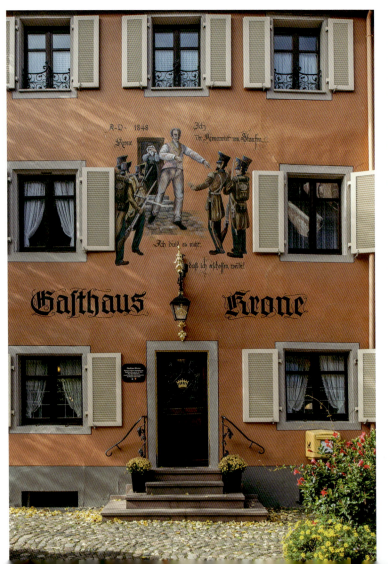

Staufen spielte im Verlauf der Zweiten Badischen Revolution im September 1848 eine wichtige Rolle. Am 21. September hatte Struve in Lörrach die „Deutsche Republik" ausgerufen, und war dann mit einer immer größer werdenden Schar von bis zu 10.000 Anhängern über Müllheim nach Staufen gezogen, wo er mit seiner Truppe am Vormittag des 24. Septembers eintraf.

Ein von der Regierung in Karlsruhe in Marsch geschicktes militärisches Kommando von etwa 800 Mann beendete unter Einsatz von vier Geschützen am Nachmittag des 24. den Traum von der Republik und schlug die Revulotionäre vernichtend. Zwanzig Menschen kamen ums Leben, darunter ein Soldat, Struve wurde später gefangen genommen.

Der Kronenwirt in Staufen entkam dem Tod dank seiner markigen Worte gegenüber den Soldaten, die ihn festnehmen wollten: „Ich duld es nicht, das ich erschossen werde!". Offensichtlich war er dabei sehr überzeugend.

Was ?

Die Krone ist eines der ältesten der ursprünglich über zwanzig Gasthäuser Staufens.
Das Wandgemälde erinnert an die Badische Revolution von 1848.
Malerische Lage mitten in der Altstadt.
Gemütliche Stuben und eine ausgezeichnete Küche. Einzel- und Doppelzimmer zur Übernachtung.

Wann ?

Öffnungszeiten:
Restaurant:
So bis Do von 11:30 bis 14:00
und   von 18:00 bis 22:30
Fr   von 18:00 bis 22:30
Hotel täglich geöffnet.
Anfragen und Reservierungen:
Tel. +49-7633-5840
info@die-krone.de
www.die-krone-staufen.de

Wo ?

Die Krone
Hauptstraße 30
79219 Staufen im Breisgau
Das rote Haus mit dem Wandbild des Kronenwirts gegenüber der Einmündung der Meiergasse in die Hauptstraße ist unübersehbar.

Staufen
Ehemaliges Stadtschloss

Das ehemalige Stadtschloss, oder auch Unteres Schloss, wurde Mitte des 16. Jh. im Renaissancestil von den Herren von Staufen erbaut. Aus dieser Zeit stammt auch das Allianzwappen neben dem polygonalen Treppenturm. Der Westflügel entstand in der ersten Häfte des 18. Jh..

Von dieser Zeit bis zum Beginn des 19. Jh. diente das Gebäude als Amtshaus der Herrschaft St. Blasien, danach war es bis ins 20. Jh. Badisches Bezirksamt und wird noch heute von Behörden genutzt.

Bemerkenswert sind die mächtigen Kellergewölbe. Sie stammen aus der Mitte des 16. Jh. und beherbergten lange die Holzfässer der Winzergenossenschaft Staufen. Im Jahr 2012 gefährdete ein Grundbruch die Standsicherheit des Gewölbes und des darüberliegenden Gebäudes. Erst eine Aufschüttung aus rund 400 Tonnen Kies im Keller stabilisierte die Situation.

Was ?

Stadtschloss mit polygonalem Treppenturm im Renaissancestil. Allianzwappen neben dem Eingang zum Treppenturm. Spektakuläres Kellergewölbe mit Kiesaufschüttung.
Im Vorraum zum Kellergewölbe Weinverkostungen und Veranstaltungen durch das benachbarte Weingut Landmann.

Wann ?

Aussen:
Jederzeit frei zugänglich.
Gewölbekeller:
Weinverkostungen und Veranstaltungen durch das Weingut Landmann.
Te. +49-7633-5510
info@landmann-wein.de

Wo ?

Hauptstraße 11
79219 Staufen im Breisgau
Vom Marktplatz durch die Hauptstraße. Die erste Straße nach dem Gasthof Hirschen rechts.

Staufen
Weingut Peter Landmann

Judit und Peter Landmann übernahmen 2013 das traditionsreiche Weingut der Winzergenossenschaft Staufen mit seinen über 200 Jahre alten Gebäuden im Zentrum von Staufen und mit seinen Rebflächen in den besten Lagen - vor allem am Schlossberg - die sich durch eine große Sortenvielfalt auszeichnen. In Ungarn, der Heimat Judit Landmanns, werden zudem Rebflächen mit kräftigen Rotweinen bewirtschaftet.

In den benachbarten Kellergewölben des über 600 Jahre alten ehemaligen Stadtschlosses wird der Sekt nach der traditionellen Methode der Flaschengärung durch Handrüttelung hergestellt.

Vor dem Weingut an der Hauptstrasse steht der Weinbrunnen, für alle Bewohner und Besucher Staufens die ideale Gelegenheit zu einer kleinen Weinprobe zwischendurch und einem passenden Imbiß. Für die große Weinprobe, auch in Verbindungen mit Keller- und Weinbergführungen, bieten der Gewölbekeller des Weingutes oder der Schlosskeller den schönen Rahmen.

Was ?

Sortenreiches Angebot aus den besten Lagen Staufens und spezielle Rotweine aus Ungarn. Handgerüttelter Sekt nach traditioneller Flaschengärung. Weinbrunnen für die kleine Weinprobe und Gewölbekeller für die große Weinprobe mit Führungen.

Wann ?

Öffnungszeiten Weinverkauf:
Mo bis Fr   von 09:00 bis 18:00
Sa   von 09:00 bis 16:00
So   von 10:00 bis 16:00
                (März bis Dez)
Kontakt Weingut:
Mo bis Fr   von 14:00 bis 22:00
Sa und So von 11:00 bis 22:00
Anfragen für Veranstaltungen:
Tel. +49-7633-5510
info@landmann-wein.de

Wo ?

Weingut Peter Landmann
Auf dem Rempart 2
79219 Staufen im Breisgau
www.landmann-wein.de
Der Weinbrunnen liegt am nördlichen Ende der Hauptstraße an der Ecke zu Auf dem Rempart. Unmittelbar hinter dem Weinbrunnen befindet sich der Zugang zum Weinverkauf des Weingutes.

Staufen
Auerbachs Kellertheater

Auerbachs Kellertheater, das in einem ehemaligen Schnapsfasslager der Firma Schladerer residiert, wurde vor über 28 Jahren, von Eberhard Busch gegründet, mit Goethes Faust, wie es sich für Staufen gehört. Bis heute wurden über hundert Stücke aufgeführt, das Repertoire reicht von Klassikern und modernem Theater bis zu Musikstücken und Theater für Kinder.

Eberhard Busch, der auf ein bewegtes Leben auf der Bühne und ums Theater herum zurückblicken kann, ist bis heute der spiritus rector von Auerbachs Kellertheater. Neben seinen Aufgaben als Regisseur, Kartenverkäufer, Kulissenbauer und Tontechniker bildet er zusammen mit seiner Frau und hochengagierten Schauspielern auch den Kern des Ensembles. Sein Credo ist „Ich möchte intelligentes und kein intellektuelles Theater machen".

Was ?

Kellertheater mit einem theaterbegeisterten Impresario und ebensolchem Ensemble.
Breites Repertoire und gemütliches Ambiente für etwa hundert Zuschauer.
Unbedingt ansehen.

Wann ?

Das **aktuelle Programm** finden Sie unter
www.auerbachskellertheater.de
Kartenbestellung und Kontakt unter
Tel. +49-7633-500350
kartenbestellung@
auerbachs-kellertheater.de

Wo ?

Auerbachs Kellertheater
Auf dem Rempart 7
79219 Staufen im Breisgau
Von der Hauptstraße beim Weingut Landmann die Straße Auf dem Rempart hochgehen.
Vorverkaufsstellen:
Goethe-Buchhandlung und Tourist-Info in Staufen.
Buchhandlung Pfister in Bad Krozingen.

Staufen
Kirche St. Martin

Eine Kirche an dieser Stelle gab es vermutlich schon zur Zeit der Franken. Die ältesten noch erhaltenen Teile stammen aus der Mitte des 13. Jh. und die erste urkundliche Erwähnung vom Ende des 15. Jh.. Ende des 17. Jh. brannte die Kirche ab und wurde danach im barocken Stil wieder aufgebaut.

Um 1870 wurde sie dann im neugotischen Stil renoviert, dazu gehört auch der Hauptaltar mit seinen Schnitzereien als typisches Beispiel sakraler Kunst des späten 19. Jh..

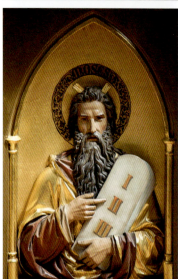

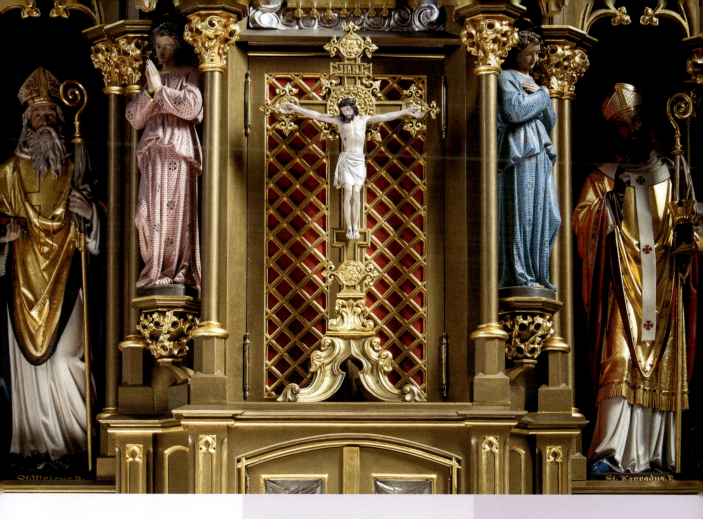

Was ?

Markanter Turm, der untere Teil stammt aus dem 13. Jh.. Harmonisches Kirchenschiff. Haupt- und Seitenaltäre mit schönen neugotischen Schnitzereien aus dem späten 19. Jh..
Pieta, möglicherweise vom Bildhauer Sixt von Staufen. Überregional bedeutende Orgel aus der Schweizer Werkstätte Metzler.

Wann ?

Tagsüber geöffnet.
Zentrales Pfarramt St. Martin
St. Johannesgasse 16
79219 Staufen im Breisgau
pfarramt-st.martin@kath-staufen-muenstertal.de
Mo, Di, Do und Fr 10:00 bis 12:00
Mi von   16:00 bis 18:00
Do von   15:00 bis 17:00

Wo ?

Kirchstraße 17
79219 Staufen im Breisgau
Vom Marktplatz rund 100 Meter in die Kirchgasse.
Der viereckige Turm ist in Staufen unübersehbar.

Staufen Schlossberg

An Stelle der heutigen Burgruine hatten vermutlich bereits die Römer ein Castell errichtet.

Zu Beginn des 12. Jh. errichtete dann Adalbert von Staufen die Burg, die bis zum Aussterben der Staufer zu Beginn des 17. Jh. von seinem Geschlecht genutzt wurde. Danach war die Burg unbewohnt und wurde im Dreißigjährigen Krieg von schwedischen Truppen zerstört.

Ende des 19. Jh. erwarb die Stadt die Ruine und renovierte sie.

Was ?

Schöner Aufstieg zur Burg durch Weinberge.
Toller Blick auf Staufen, das Rheintal und den Eingang zum Münstertal.
Obstbaumpfad mit interessanten Schautafeln

Wann ?

Jederzeit frei zugänglich.

Wo ?

Individualverkehr:
Von der B3 aus Süden über die K4943 und von Norden über die L123 nach Staufen, dann über Auf dem Graben und Frickstraße in die Schlossgasse.
ÖPNV:
SWEG-Bus Linie 114
SBG-Bus Linie 7208 und 7240
SWEG-Bahn Linie 113

Staufen
Tango- und Bandoneonmuseum

Was ?

Das Museum in Staufen ist mit rund 450 Bandoneons die derzeit größte derartige Sammlung der Welt. Dazu kommen noch rund 3.500 historische Schellackplatten mit Tangomusik aus dem Buenos Aires der 20er-Jahre.
Regelmäßige Kurse in Tango Argentino sowie Tango Veranstaltungen ergänzen das Angebot.

Wann ?

Öffnungszeiten Museum:
Sa und So von 15:00 bis 18:00
Anfragen für Führungen und Kurse:
Tel. +49-7633-82761
info@staufentango.de
www.staufentango.de

Wo ?

Tango- und Bandoneonmuseum Staufen e.V.
Grunerner Straße 1
79219 Staufen im Breisgau
Im Kapuzinerhof Ecke Neumagen-/Münstertäler Straße und Grunerner Straße. Zugang von der Grunerner Straße, links hinten im Hof, erster Stock.

Staufen
Keramikmuseum

Was ?

Die Geschichte des Hafnerhandwerks reicht in Staufen bis ins ausgehende Mittelalter zurück. Zentum des Museums ist eine alte Hafnerwerkstatt mit zwei denkmalgeschützen Brennöfen, Tongrube, Töpferscheibe und Glasuhrmühle.

Wann ?

Öffnungszeiten:
Feb bis Nov
Mi bis Sa von 14:00 bis 17:00
So   von 11:00 bis 13:00
und   von 14:00 bis 17:00
Informationen
Keramikmuseum Staufen
Tel. +49-7633-6721
www.landesmuseum.de

Wo ?

Wettelbrunnerstraße 3
79219 Staufen
Individualverkehr:
Vom Marktplatz zur Hauptstraße in die Wettelbrunnerstraße, dann ca. 30 Meter rechts.
ÖPNV:
SWEG-Bus Linie 114
SBG-Bus Linie 7208 und 7240
Station Staufen Bahnhof.
Dann durch „Im Grün" bis zur Wettelbrunnerstraße.

Staufen Kapellenrundweg

In Staufen stehen sechs Kapellen, davon zwei Hofkapellen, eine der beiden, die **Hofkapelle Schneider**, wird heute noch als Hauskapelle genutzt

Am Friedhof steht die **Kapelle St. Sebastianus**, die Ende des 16. Jh. nach der großen Pest erbaut wurde.

Die **St. Magdalenenkapelle** wurde als Leprosenhauskapelle auf den Fundamenten einer Kapelle aus dem 13. Jh. errichtet.

Die malerisch gelegene **St. Gotthardkapelle** diente im 16. und 17. Jh. als Einsiedelei.

Die **Kapelle St. Josef** wurde vom Hofbauern Schlegel als private Andachtsstätte erbaut und dient heute als Gedächtnisstätte für die Opfer der beiden Weltkriege.

Die **Kapelle St. Johannes** war ursprünglich ebenfalls eine Einsiedelei und ist über einen nicht unanstrengenden Stationenweg zu erreichen.

Was?

Sechs Kapellen in und um Staufen, die in einem nicht unanstrengenden Rundweg besucht werden können, aber es geht auch mit dem Auto.
Die Kapellen liegen teilweise sehr malerisch in der Landschaft.
Es lohnt auch ein Blick ins Innere der Kapellen, soweit möglich.

Wann?

Aussen:
Jederzeit frei zugänglich.
Innen:
Die Zugangssituation ist bei jeder Kapelle unterschiedlich. Den Schlüssel für die Gotthardkapelle gibt es zum Beispiel von Mi bis So im benachbarten Gasthof Gotthardhof. Am besten bei der Touristik-Info in Staufen nachfragen.

Wo?

Bei der Touristik Info im Staufener Rathaus auf dem Marktplatz erhalten Sie ein Faltblatt mit einer Beschreibung der Kapellen und auf Nachfrage zeichnet Ihnen eine freundliche Dame auch die Lage der Kapellen in einen Ortsplan von Staufen ein.

Münstertal Landschaften

Eigentlich fühlen sich die Münstertäler nicht so sehr als Markgräfler sondern als Schwarzwälder, eine Auffassung, die der Besucher spätestens nach der Abzweigung von Ober- und Untermünstertal aufgrund der Landschaft nachvollziehen kann. Da das Münstertal jedoch überwiegend von der Rheinebene aus bereist wird, findet es sich trotzdem in diesem Buch wieder. Mit seinen zahlreichen Wanderwegen, Wald- und landwirtschaftlichen Lehrpfaden ist es ein Erholungsparadies.

Was?

Waldlehrpfad und landwirtschaftlicher Lehrpfad mit insgesamt 35 Schautafeln.
Zahlreiche Wanderwege wie z.B. der Rundwanderweg Münsterhalde.
Sehenswürdigkeiten wie das Bienenkundemuseum, der Kaltwasserhof, das Kloster St. Trudpert, eine Schaukäserei und das Besucherbergwerk Teufelsgrund.

Wann?

Öffnungszeiten:
Die Öffnungszeiten der jeweiligen Sehenswürdigkeiten finden Sie bei deren Beschreibung.

Wo?

Individualverkehr:
Von der B3 über die L129 und die L123 nach Münster. Die L123 führt weiter durch das Obermünstertal bis Utzenfeld im Große Wiesental. Die L130 zweigt beim Rathaus Münstertal ins Untermünstertal ab.
ÖPNV:
SWEG-Bahn Linie 113
SUTTER-Bus Linie 291

Münstertal
Museum Münstertal

Das Museum Münstertal residiert in dem schönen Gebäude des Rathauses Münstertal und widmet sich der Forstgeschichte, der Bergbaugeschichte sowie der Volkskunde, der Heimat-und Siedlungsgeschichte des Münstertals.

Die Ursprünge des Museums gehen auf das 1980 gegründete Waldmuseum zurück. In ihrer heutigen Form wurde die Sammlung 2015 neu eröffnet. Der Aufbau und die Betreuung erfolgen ehrenamtlich durch die Heimat-initiative Münstertal e.V..

Was ?

Imposantes Gebäude des Rathauses Münstertal.
Umfangreiche Sammlung mit zahlreichen Exponaten.
Sehr guter didaktischer Aufbau der Sammlung.
Museums-App „App_me", die im Museum per QR-Code für Android- und IOs-Betriebssysteme heruntergeladen werden kann.

Wann ?

Öffnungszeiten:
Die Öffnungszeiten sind leider etwas individuell und unregelmäßig. Am besten erkundigt man sich vorab bei der Touristinfo Münstertal, die sich ebenfalls im Münstertaler Rathaus befindet.
Tel. +49-7636-70740
touristinfo@muenstertal-staufen.de

Wo ?

Museum Münstertal
Wasen 47
79244 Münstertal
www.museum-muenstertal.de
Individualverkehr:
Von der B3 über die L129 auf die L123 ins Münstertal.
ÖPNV:
SWEG-Bahn 113 (Münstertalbahn) von Bad Krozingen bis Station Münstertal

Münstertal
St. Trudpert

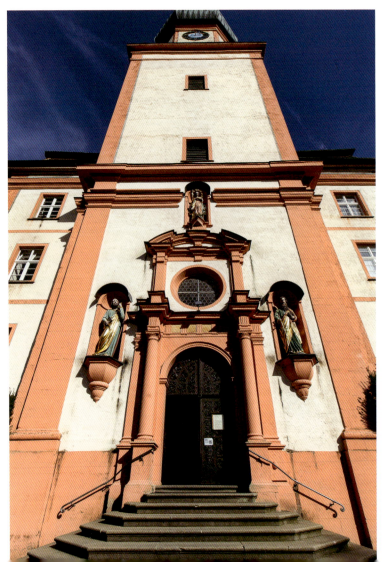

Der irische Mönch Trudpert gründete Anfang des 7. Jh. im Münstertal eine Einsiedelei. Zwei Knechte des Landgrafen, die ihm bei Rodungsarbeiten helfen sollten, erschlugen ihn und der Landgraf bestimmte den Platz der Einsiedelei zur Grablegung Trudperts.

Im Mittelalter kam das Kloster dann dank der ergiebigen Silbervorkommen im Münstertal zu erheblichem Reichtum und es entstand eine große mehrtürmige romanische Anlage.

Im Zuge des Dreißigjährigen Krieges wurde das Kloster 1632 durch schwedische Truppen vollständig zerstört und geplündert. In der zweiten Hälfte des 17. Jh. wurde die Anlage nur notdürftig in Stand gesetzt, und erst in der ersten Hälfte des 18. Jh. entstanden die prächtigen Barockbauten, die heute das Bild St. Trudperts prägen.

Zu Beginn des 19. Jh. wurde das Kloster säkularisiert und die Kirche wurde zur Pfarrkirche, was sie bis heute ist. Die Klostergebäude wurden 1918 von den „Schwestern vom Hl. Joseph" erworben.

Was ?

Wunderschöne Lage auf einem Hügel am Eingang des Obermünstertals.
Lohnenswerter Spaziergang entlang des Hügels über dem Kloster mit schöner Aussicht.
Prächtige Barockkirche.
Großzügige Klosteranlage mit Blumen und Landwirtschaft.
Genießen Sie die friedliche Atmosphäre auf einer der Ruhebänke.

Wann ?

Öffnungszeiten:
Die Pfarrkirche ist täglich außerhalb der Gottesdienste geöffnet. Führungen von Apr bis Okt am Fr um 16:00.
Gruppenführungen auf Anfrage:
Tourist-Information-Münsteral
Tel. +49-7636-707-40
touristinfo@muenstertal-staufen.de
Informationen Kloster:
Tel. +49-7636-7802-0
info@kloster-st-trudpert.de

Wo ?

Individualverkehr:
Von der B3 über die L129 und die L123 nach Münstertal, dann weiter die L123 ins Obermünstertal, kurz danach unübersehbar das Kloster rechter Hand.
ÖPNV:
SWEG-Bahn Linie 113
SUTTER-Bus Linie 291

Münstertal
Bienenkundemuseum

Das Bienenkundemuseum entwickelte sich 1978 im früheren Rathaus der ehemaligen Gemeinde Obertal aus der 75-Jahre Jubiläumsfeier des Imkervereins, Hauptinitiator war der Imkermeister Karl Pfefferle.

Heute vermitteln über 1.500 Exponate aus aller Welt in 12 Räumen einen umfassenden Überblick zur Entwicklung der Imkerei, aber auch zur Geschichte des Münstertals. Das Museum zählt zu den weltweit größten Sammlungen seiner Art.

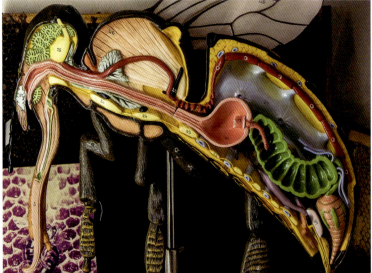

Was ?

Ein beeindruckendes Sammelsurium an Exponaten. Anschauliche Modelle vom landwirtschaftlichen Leben im Münstertal.
Alles was Sie schon immer über Bienen wissen wollten. Verpassen Sie nicht den unscheinbaren Holzkasten am Fenster des ersten Stocks, hier leben echte Bienen.

Wann ?

Öffnungszeiten:
Mi, Sa und So von 14:00 bis17:00
Gruppenführungen:
Nach Vereinbarung
Kurverwaltung
+49-7636-707-30/40
Imkerverein Münstertal
+49-7636-791105

Wo ?

Individualverkehr:
Von der B3 über die L129 auf die L123 ins Münstertal. Bei Münstertal Richtung Obermünster bis Spielweg. Das Museum liegt kurz vor dem Hotel Spielweg.
ÖPNV:
SWEG-Bahn 113 (Münstertalbahn) von Bad Krozingen bis Station Münstertal. Dann SUTTER-Bus 291 bis Spielweg.

Münstertal
Schwarzwaldhaus

120

Was ?

Das Schwarzwaldhaus, auch als Kaltwasserhof bekannt, ist einer der letzten noch original erhaltenen Schauinslandhöfe. Bekannt wurde er 2002 durch die TV-Soap „Wie vor hundert Jahren", in der eine Berliner Familie Bauernleben wie vor hundert Jahren übte. Heute gibt es Führungen und im Sommer Theater auf der Freilichtbühne.

Wann ?

Führungen:
Sa und So um 14:00
Anmeldungen bei Zeitsprung unter
Tel. +49-7636-7888714
Termine Theatervorstellungen:
Tourist-Info-Büro Münstertal
Tel. +49-7636-70730
www.mtktheater-muenstertal.de

Wo ?

Individualverkehr:
Von der B3 über die L129 und die L123 nach Münstertal. Bei Münstertal zweigt die L130 ins Untermünstertal ab, dann bei Langeck der Beschilderung folgen.
ÖPNV:
SWEG-Bahn Linie 113
SUTTER-Bus Linie 291

Münstertal
Besucherbergwerk Teufelsgrund

Der erste Nachweis des Bergbaus im Münstertal stammt vom Ende des ersten Jahrtausends, betrieben wurde er aber vermutlich bereits seit dem 8. Jh..

Zuerst wurde Silber gefördert, im 18. Jh. dann Blei und später bis zur Stilllegung 1958 Flußspat.

Seit 1979 dient ein Teil des Bergwerks als Besucherbergwerk, das über einen ca. 600 Meter langen Stollen begangen werden kann und spektakuräre Einblicke in die unterirdische Bergwelt und die Geschichte des Berbaus erlaubt.

Was ?

Informativer Film im Besucherzentrum als Einführung in den Bergbau im Münstertal.
Ca. 600 Meter Zugangsstollen mit Informationstafeln.
Abbaubereich auf zwei Ebenen am Ende des Stollens, tolle Ausblicke.
Zertifizierter Heilstollen zur Behandlung von Asthma, Bronchitis, Heuschnupfen und Keuchhusten.

Wann ?

Öffnungszeiten:
Apr bis Okt
Di, Do und Sa von 10:00 bis 16:00
So und Feiert. von 13:00 bis 16:00
Jul und Aug
zus. Mi und Fr von 13:00 bis 16:00
Gruppenführungen:
Tel. +49-7636-1450
besuchsbergwerk-teufelsgrund@gmx.de

Wo ?

Mulden 71 79244 Münstertal
Individualverkehr:
Von der B3 über die L129 und die L123 nach Münstertal. Bei Münstertal zweigt die L130 ins Untermünstertal ab, dann bei Langeck der Beschilderung folgen.
ÖPNV:
SWEG-Bahn Linie 113
SUTTER-Bus Linie 291

Käserei Glocknerhof

Wussten Sie, das zur Herstellung eines Kilogramm Frischkäses 4 Liter Milch erforderlich sind, für ein Kilogramm Bergkäse jedoch 12 Liter Milch benötigt werden?

Das und vieles mehr erfahren Sie in der Käserei Glocknerhof, dazu können Sie sich an hausgemachten Vesperplatten erfreuen, natürlich mit Käse, aber nicht nur.

Die 24 Kühe des Glocknerhofs liefern täglich die erforderliche Milch, zwei bis drei Melkungen ergeben einen Bottich zu 700 Liter, die dann durch Zusatz von Milchsäurebakterien und Lab unter stetigem Rühren zu Käse verwandelt werden. Ein Bottich ergibt 6 Laib Bergkäse, die dann mindestens ein Jahr lang reifen und jeden zweiten Tag mit Salzwasser abgerieben werden. Viel Arbeit, aber dafür viel gesünder als Industriekäse, da keine künstlichen Zusatzstoffe verwendet werden.

Die weiteren Details verrät Ihnen Frau Brenneisen, die zusammen mit ihrem Mann Markus Glockner an 365 Tagen im Jahr die Käseherstellung vom Melken bis zum Verkauf managt.

Was ?

Wunderschöne Lage, die zu Spaziergängen und Wanderungen einlädt.
Bei Führungen umfassende Informationen zur Herstellung von Käse und sehenswerter Käsekeller.
Hofladen mit hausgemachten Spezialitäten von Käse, Speck und Wurst.
Hof- und Käsereiführungen mit kleiner Käseprobe.

Wann ?

Hofladen:
Mo bis Fr von   11:00 bis 13:00
          und   15:00 bis 18:00
Sa   von   09:00 bis 13:00
Nov bis Mär an Di und Do geschl.
Verkauf an Wochenmärkten:
Müllheim Di von 08:00 bis 12:30
Dottingen Mi von 16:00 bis 18:00
Münstertal Sa von 08:30 bis 12:30
Gruppenführungen:
Tel. +49-7636-518

Wo ?

www.kaeserei-glocknerhof.de
Individualverkehr:
Von der B3 über die L129 und die L123 nach Münstertal. Bei Münster zweigt die L130 ins Untermünstertal ab, dann bei Langeck der Beschilderung folgen.
ÖPNV:
SWEG-Bahn Linie 113
SUTTER-Bus Linie 291

Kapitel V

Von Bad Krozingen bis vor die Tore Freiburgs

Kapitel V
Von Bad Krozingen
bis vor die Tore Freiburgs

123	S. 296	Tunsel Kirche und Pfarrhaus	138	S. 328	Bad Krozingen Kirche St. Alban
124	S. 298	Hartheim - Salmen	139	S. 330	Bad Krozingen Fridolinskapelle
125	S. 300	Feldkirch Kirche St. Martin und Schloss	140	S. 332	Bad Krozingen Glöcklehofkapelle
126	S. 302	Hausen - Ortsbild			
127	S. 304	Biengen - Kirche St. Leodegar	141	S. 334	Ehrenstetten St. Georg und Altes Rathaus
128	S. 306	Schlatt Weingut Fritz Waßmer	142	S. 336	Ehrenstetten Ölbergkapelle
129	S. 308	Schlatt - Kirche St. Sebastian			
130	S. 310	Schlatt Weingut Martin Waßmer	143	S. 338	Sölden Kirche Fides und Markus
131	S. 312	Bad Krozingen - Stadtbild	144	S. 340	Bollschweil - St. Ulrich
132	S. 314	Bad Krozingen - Kurpark	145	S. 342	Bollschweil Marie Luise Kaschnitz
133	S. 318	Bad Krozingen - Vita Classica			
134	S. 320	Bad Krozingen - Stadtmuseum	146	S. 344	Kirchhofen - Ortsbild
135	S. 322	Bad Krozingen - Schloss	147	S. 346	Kirchhofen St. Mariä Himmelfahrt
136	S. 324	Bad Krozingen Museum Tasteninstrumente	148	S. 348	Kirchhofen Ehem. Wasserschloss
137	S. 326	Bad Krozingen - Schlosskapelle Malteserschloss	149	S. 350	Batzenberg

150	S. 352	Pfaffenweiler Staffelgiebelhäuser
151	S. 354	Pfaffenweiler - Kapelle der hl. Rosalie und Barbara
152	S. 356	Pfaffenweiler Kirche St. Columba
153	S. 360	Pfaffenweiler - Dorfmuseum
154	S. 362	Pfaffenweiler - Milchhäusle
155	S. 364	Pfaffenweiler - Steinbrüche
156	S. 366	Ebringen - Ortsbild
157	S. 368	Ebringen - Schloss
158	S. 370	Ebringen Kirche St. Gallus und Otmar
159	S. 374	Ebringen Berghauser Kapelle
160	S. 376	Ebringen Ruine Schneeburg und Blick auf Freiburg

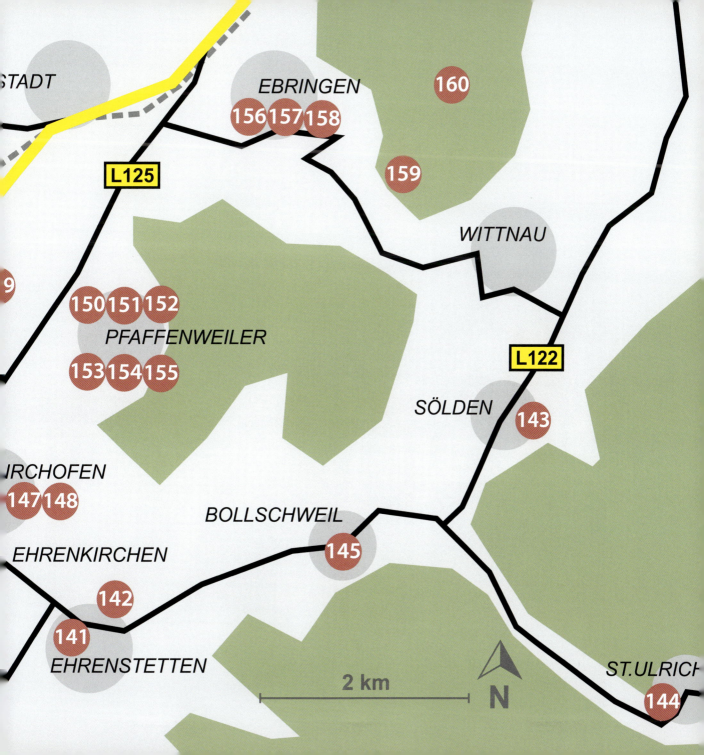

Tunsel
Kirche und Pfarrhaus

Die Pfarrei Tunsel kam bereits im 9. Jh. an das Kloster St. Trupert. Mitte des 13. Jh. kam dann auch die Vogtei hinzu, sodaß St. Trupert sowohl über die hohe wie auch die niedrige Gerichtsbarkeit verfügte. Dies manifestiert sich im Wappen am barocken Eingangsportal des Pfarrhauses, das Mitra und Schwert enthält.

Die Kirche im neugotischen Stil entstand in der Mitte des 19. Jh.. Bemerkenswert ist sie durch ihre üppige neugotische Innenausstattung, die von einigen barocken Elementen aus der Vorgängerkirche ergänzt wird. Dazu gehören die beiden Seitenaltäre sowie die Skulpturen des alten Hochaltars vom Bildhauer Mathias Faller.

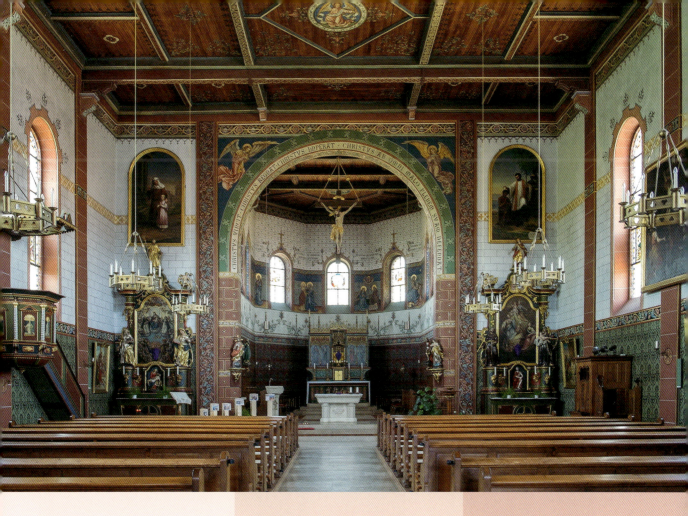

Was ?

Pfarrhaus mit barockem Eingangsportal und doppelarmiger Freitreppe.
Neugotische Innenausstattung der Kirche.
Seitenflügel des alten barocken Hauptaltars.
Skulpturen des alten Hauptaltars.

Wann ?

Öffnungszeiten:
Täglich von 10:00 bis 17:00.
Informationen:
Seelsorgeeinheit Bad Krozingen
Basler Straße 26
79189 Bad Krotzingen
Tel. +49-7633-908949-0
pfarramt.st.alban@t-online.de

Wo ?

Individualverkehr:
Von der B3 über die K4983 nach Tunsel. Dann durch den Ort über die Muttighofer Straße, Wörthstraße in die St.-Michael-Straße.
ÖPNV:
SWEG-Bus Linie 7246 und 7242, Station Tunsel Kirche

Hartheim
Salmen

Was ?

Das historische Gasthaus Zum Salmen aus dem 17.Jh. verfügt über einen alten Theatersaal mit Bühne, die der Anglizistikprofessor und Autor Dietrich Schwanitz, ein ausgemachter Shakespearfan, von Andreas Beuthel ausmalen lies. Das Bild ist, mit Charakteren aus Shakespearwerken, nach der Art der Abendmahldarstellung des Renaissancemalers Veronese gestaltet.

Wann ?

Veranstaltungskalender:
www.salmen-hartheim.de
Tel. +49-7633-9199960
Vorverkauf:
„Windmühle"
Staufener Straße 21
79258 Hartheim am Rhein
Tel. +49-7633-405334

Wo ?

Zum Salmen
Rheinstraße 20
79258 Hartheim am Rhein
Individualverkehr:
Von der A5 von Süden bei der Ausfahrt Hartheim/Heitersheim, dann über die L134, von Norden über die Ausfaht Bad Krozingen, dann über die K4934 und K4935.
ÖPNV:
RAST-Bus Linie 241 und 242

Feldkirch
Kirche St. Martin und Schloss

Feldkirch, heute ein Ortsteil von Hartheim, kann zwei interessante Baudenkmäler vorweisen.

Da ist zum einem die Kirche St. Martin mit ihrem barocken Giebel und der üppigen barocken Ausstattung und Deckengemälden. Bemerkenswert auch das Schloss der Wessenberger, die das ursprüngliche Wasserschloss zu Beginn des 17. Jh. als Lehen erhielten und es Mitte des 17. Jh. umbauten.

Zwei Brüder aus dem Hause Wessenberg machten in turbulenten Zeiten Karriere. Johann war in der ersten Hälfte des 19 Jh. im österreichischen diplomatischen Dienst tätig, unter anderem beim Wiener Kongess. Im hohen Alter wurde er während der Revolution 1948/49 österreichischer Außenminister und zeitweise sogar Ministerpräsident.

Sein Bruder Ignaz Heinrich brachte es bis zum Generalvikar des Bistums Konstanz, kam aber wegen seiner aufgeklärten Haltung bald mit dem Papst in Konflikt und wurde Privatier.

Was ?

Kirche St. Martin mit sehenswerter Barockausstattung.
Schloss der Famile Wessenberg aus dem 17.Jh..

Wann ?

Öffnungszeiten:
Mo bis Sa von 09:00 bis 18:00
So   von 10:00 bis 18:00

Informationen:
Seelsorgeeinheit Bad Krozingen
Basler Straße 26
79189 Bad Krozingen
Tel. +49-7633-908949-0
pfarramt.st.alban@t-online.de

Wo ?

Individualverkehr:
Von der A5 auf die B31, dann unmittelbar auf die K4912, nach ca. 1 Kilometer auf die 4934 und dann in die Schlossstraße.
ÖPNV:
RAST-Bus Linie 241 und 242

Hausen Ortsbild

Was ?

Erstmals urkundlich erwähnt wurde Hausen Mitte des 12. Jh.. Vom 15. bis zum Beginn des 19. Jh. gehörte Hausen zu Vorderösterreich, danach zum Großherzogtum Baden. Hausen ist durch die Landwirtschaft und die Gutshöfe im Ortskern geprägt. Bemerkenswert auch die St. Johanneskirche mit ihrem, in der Gegend seltenen, Zwiebelturm.

Wann ?

Öffnungszeiten:
Täglich von 11:00 bis 18:00.

Wo ?

Individualverkehr:
Von der A5 die Ausfahrt Bad Krozingen Richtung Breisach, unmittelbar danach auf die K4912 nach Hausen.
ÖPNV:
RAST-Bus Linien 241 und 242

Biengen
Kirche St. Leodegar

Die Kirche St. Leodegar überragt dank ihrer Lage auf einem Hügel das kleine Dorf Biengen und blickt weit ins Land. Diese exponierte Lage wurde ihr gegen Ende des 2. Weltkrieges zum Verhängnis, als sie nach einem Granateneinschlag vollständig ausbrannte.

Mitte der 80er Jahre wurde das Innere duch Helmut Lutz vollständig renoviert und neu gestaltet. Bemerkenswert vor allem die vier gotischen Heiligenfiguren, die die Kreuzigungsgruppe umgeben. Sehenswert auch ein Steinkreuz an der Südseite der Kirche.

Zu Füssen der Kirche liegt das Biengener Schloss, das auf eine abwechslungsreiche Geschichte mit wechselnden Besitzern zurück blickt. Heute ist es in Privatbesitz und Mittelpunkt einer umfangreichen Landwirtschaft.

Was ?

Kombination von moderner Kunst und mittelalterlichen Figuren. Steinkreuz an der Südseite der Kirche.
Lage inmitten von Weinbergen. Schöne Ausblicke auf das Markgräflerland, Biengen und das Schloss.

Wann ?

Öffnungszeiten:
Täglich von 09:00 bis 19:00.
Informationen:
Seelsorgeeinheit Bad Krozingen
Basler Straße 26
79189 Bad Krozingen
Tel. +49-7633-908949-0
pfarramt.st.alban@t-online.de

Wo ?

Individualverkehr:
Von der A5 oder der B3 jeweils über die L120, dann über die Hauptstraße in die Schlossstraße.
ÖPNV:
RAST-Bus Linie 242
SBG-Bus Linie 7240

Schlatt
Weingut Fritz Waßmer

  128

Fritz Waßmer gründete das Weingut 1998. Heute umfaßt es rund 35 Hektar Rebfläche im Breisgau nördlich von Freiburg sowie am Staufener Schlossberg.

Die Bewirtschaftung des Schlossberges mit seinen steilen Lagen ist sehr aufwendig und die Trockensteinmauern erfordern viel Pflege. Der Aufwand lohnt jedoch und ergibt einen ganz besonderen Wein.

Das Hauptaugenmerk liegt auf den weißen und roten Burgundern, aber auch auf speziellen Sorten wie Syrah oder Chardonnay.

Was ?

Vom Staufener Schlossberg hat man eine schöne Sicht auf die Stadt und die Rebflächen des Weingutes Fritz Waßmer. Wem der Weg entlang der Straße zu langweilig ist kann auch den direkten Aufstieg durch die Weinberge nutzen.
Probieren Sie die Burgunder oder eine der im Markgräflerland eher selteneren Sorten, es lohnt sich.

Wann ?

Öffnungszeiten :
Mo bis Fr   von 09:00 bis 18:00
Sa   von 10:00 bis 16:00
In der Spargelsaison von Apr bis Jun
auch So   von 08:00 bis 20:00
Kontakt:
Tel. +49-7633-3965
mail@weingutfritzwassmer.de
www.weingutfritzwassmer.de

Wo ?

Weingut Fritz Waßmer
Lazariterstraße 2
79189 Bad Krozingen
Individualverkehr:
Von der A5 über die L120 und die K4936 in die K4939, von der B3 über die L120 in die K4939, dann in die Lazariterstraße.
ÖPNV:
SBG-Bus Linie 7240
RAST-Bus Linie 242

Schlatt
Kirche St. Sebastian

Die Kirche war ursprünglich dem hl. Lazarus geweiht, denn hinter der Kirche entspringt eine Quelle, der heilende Kräfte gegen die Lepraerkrankung zugeschrieben wurden. Daher unterhielt der im 12. Jh. in Jerusalem gegründete Lazaritenorden, der sich der Pflege von Aussätzigen widmete, neben der Kirche ein Leprosenhaus. Der Orden geriet jedoch in finanzielle Schwierigkeiten, und Mitte des 14. Jh. übernahmen die Johanniter aus Heitersheim die Anlage.

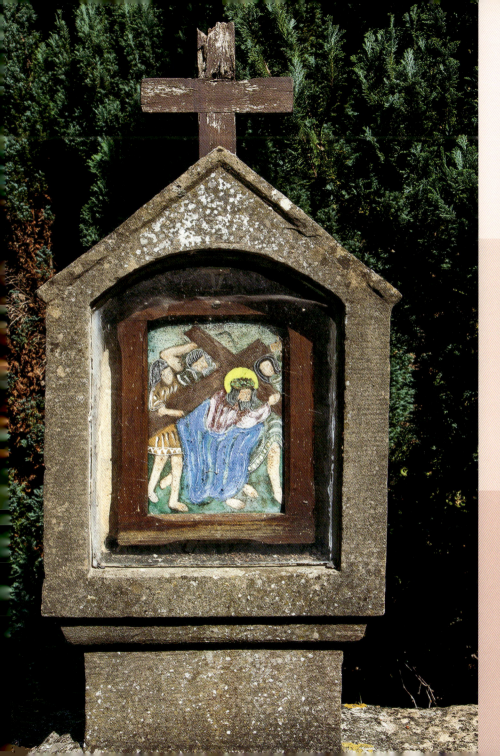

Was ?

Malerisch am Fuße einer Felswand gelegene Kirche.
Chor aus der zweiten Hälfte des 14. Jh. mit Kreuzgewölben.
Barocke Innenausstattung.
Lohnenswerter Spaziergang rund um die Kirche mit einem kleinen Kreuzweg und Skulpturen.

Wann ?

Öffnungszeiten:
Die Kirche ist geschlossen. Auskünfte beim Meßdiener Herrn Maier unter Tel. +49-7633-2370
Anfragen zum Kirchenbesuch:
Kath. Kirchengemeinde
St. Sebastian Schlatt
Basler Straße 26
79189 Bad Krozingen
Tel. +49-7633-908949-0
pfarramt.st.alban@t-online.de

Wo ?

Individualverkehr:
Von der A5 über die L120 und die K4936 in die K4939, von der B3 über die L120 in die K4939, dann in die Lazariterstraße bis ans Ende der Straße.
ÖPNV:
SBG-Bus Linie 7240
RAST-Bus Linie 242

Schlatt
Weingut Martin Waßmer

Das Herzstück der Waßmerschen Rebenlagen ist der Dottinger Castellberg in Ballrechten-Dottingen, mit seinem hohen Anteil an Kalkgestein, Muschelkalk und Kalkmergel prädestiniert für herausragende Weine aus den Burgundersorten, weiß wie rot. Die teils uralten Rebstöcke aus besten Klonen aus dem Burgund werden mit viel Handarbeit und stark reduzierten Erträgen gelesen. Im Frühjahr 2016 eröffnet das neue imposante Weingutsgebäude, das Weinproben mit Panoramaausblick bieten wird.

Was ?

Weingut mir mehreren Lagen im Markgräflerland. Herzstück ist der Dottinger Castellberg. Zahlreiche internationale und nationale Preise und Bewertungen. Fokus auf rote und weiße Burgunder, dazu Gutedel und Spezialitäten wie Chardonnay, Muskateller und Sauvignon Blanc. Winzersekte aus Pinot Chardonnay und Pinot Rosé.

Wann ?

Öffnungszeiten und Weinproben:
Apr bis Jun von 08:00 bis 20:00
auch Son und Feiert.
Jul bis Mär von Mo bis Sa
von 09:00 bis 18:00
Gruppen nach Terminabsprachen.
Anfragen und Kontakt:
Tel. +49-7633-15292
wassmer-krozingen@t-online.de
www.weingut-wassmer.de

Wo ?

Am Sportplatz 3
79189 Bad Krozingen-Schlatt
Individualverkehr:
Von der A5 über die L120 und die K4936 in die K4939, von der B3 über die L120 in die K4939, dann in die Straße Am Sportplatz.
ÖPNV:
SBG-Bus Linie 7240
RAST-Bus Linie 242

Bad Krozingen Stadtbild

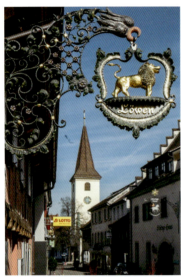

Bad Krozingen zählt mit seinen Ortsteilen Hausen, Schlatt, Tunsel und Biengen knapp 18.000 Einwohner.

Die Stadt war bereits zur Römerzeit besiedelt. Die erste urkundliche Erwähnung stammt vom Ende des 8. Jh. Seit Beginn des 15. Jh. gehörte Krozingen zum habsburgischen Vorderösterreich, mit dem es dann zu Beginn des 19. Jh. zum Großherzogtum Baden kam.

Anfang der dreißiger Jahre des letzten Jahrhunderts erhielt die Stadt den Titel Bad und wird heute von der Vita Classica Therme, den zahlreichen Kur- und Rehabilitationseinrichtungen und dem klinischen Herzzentrum geprägt.

Daneben bietet Bad Krozingen zahlreiche große und kleine Sehenswürdigkeiten. Neben den auf den folgenden Seiten ausführlich beschriebenen Sehenswürdigkeiten lohnen auch ein Besuch der Nepomukbrücke mit ihren Figuren aus der Mitte des 18. Jh. sowie die unweit davon gelegene Mühlenkapelle mit dem alten Mühlrad gegenüber.

Auch der zentrale Lammplatz, die Hauptstraße und das nahe gelegene Rathaus sind einen Besuch wert.

Was ?

Nepomukbrücke mit ihren Brückenstatuen.
Mühlenkapelle mit altem Mühlrad.
Rathaus, benannt nach Altbundespräsidenten Walter Scheel.
Erholungspause am Lammplatz.
Bummel durch die Hauptstraße.

Wann ?

Jederzeit frei zugänglich.

Wo ?

Individualverkehr:
Von der A5 oder der B3 über die L120 in die Freiburgerstraße.
ÖPNV:
SWEG-Bahn Linie 113
SWEG-Bus Linie 113, 242, 7208, 7240 bis Bahnhof, dann Bürgerbus Linie 1, 2 oder 3

Bad Krozingen Kurpark

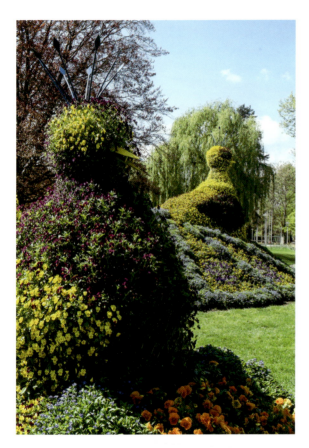

Was ?

Blumenoase mit Blütenskulpturen.
Seltene Bäume.
Übungsgolf- und Minigolf-Anlagen.
Duft- und Kräutergarten.
Holzskulpturengarten.
Finnenbahn und Tennisplätze.
Kurhaus und „Cafe am See"

Wann ?

Jederzeit frei zugänglich.

Wo ?

Individualverkehr:
Von der B3 über die Biengener Allee und den Westring.
ÖPNV:
SWEG-Bahn Linie 113
SWEG-Bus Linie 113, 242, 7208 , 7240 bis Station Bahnhof

Bad Krozingen
Vita Classica

Seit 1911 baden Menschen in Bad Krozingen in den heilenden und wohltuenden Mineral-Thermalquellen. Neben einer Temperatur von 39 Grad und einem hohen Mineraliengehalt hat das Bad Krozinger Mineral-Thermalwasser vor allem eine optimale Kohlensäurekonzentration und wirkt dadurch entspannend, regenerierend und regt die Durchblutung an.

Die Vita Classica bietet sowohl medizinische Anwendungen als auch angenehme Erholung im Mineral-Thermenwasser.

Neben einer großzügigen Thermenanlage mit mehreren Kalt- und Warmwasserbecken und einem Saunaparadies mit neun Saunakabinen, mit Außenbecken und Japanischem Ruhehaus bietet das Wohlfühlhaus hochwertige Wellness-Anwendungen wie das Indische, Japanische, Türkische und Marokkanische Bad.

Was?

Baden Sie in zwei Warmwasserfreibecken oder in einem der sechs Innenbecken mit viel Ambiente. Probieren Sie eine der verschiedenen Saunamöglichkeiten und entspannen Sie anschliessend im Japanischen Ruhehaus.
Lassen Sie sich mit exklusiven Massagen oder in einem der authentischen Privat-Spa`s verwöhnen.

Wann?

Therme:
ganzjährig von 08:30 bis 23:00
Tel. +49-7633-4008-140
Saunaparadies:
ganzjährig von 10:00 bis 23:00
Wohlfühlhaus:
ganzjährig von 08:00 bis 22:00
Tel. +49-7633-4008-160
Buchung von Übernachtungs-Arrangements:
+49-7633-4008-154

Wo?

Individualverkehr:
Von der A5 über die L120
und K4936 in die Thermenallee.
Von der B3 direkt in die
Thermenallee.
ÖPNV:
DB-Bahn Linie 703
SWEG-Bahn Linie 113
dann ab Hauptbahnhof
Bürgerbus Linie 2
Station Vita-Classica Therme

Bad Krozingen
Stadtmuseum

Das Museum befindet sich in einem Barockgebäude aus dem 17. Jh., das der Familie Litschgi, den „Fuggern des Breisgaus", gehört hat.

Im Erdgeschoss werden zahlreiche Exponate aus dem Alltagsleben der Römer gezeigt, darunter die Rekonstruktion einer römischen Küche und Funde aus dem römischen Töpferviertel.

Das Untergeschoss ist der Stein- und Bronzezeit und dem frühen Mittelalter gewidmet.

Was ?

Rekonstruktion einer römischen Küche und Gerätschaften zum Sieben des gewürzten Weines. Römische Töpferwaren.
Faustkeile und Feuersteine aus der Frühzeit.
Rekonstruktion einer Grabkammer mit dem Skelett einer Dame, die um 700 n.Chr. gelebt hat und mit zahlreichen christlichen Grabbeigaben bestattet wurde.

Wann ?

Öffnungszeiten:
Di bis Do und jeden 1. und 3. So im Monat von 15:00 bis 17:00.
Information zu Führungen:
Tel. +49-7633-407-174
kulturamt@bad-krozingen.de

Wo ?

Baslerstraße 10-12
79189 Bad Krozingen
Individualverkehr:
Von der A5 oder der B3 über die L120 und Freiburger Straße in die Basler Straße.
ÖPNV:
SWEG-Bahn Linie 113
SWEG-Bus Linie 113, 242, 7208 , 7240 bis Bahnhof, dann Bürgerbus Linie 1

Bad Krozingen Schloss

Das Schloss, errichtet in der zweiten Hälfte des 16. Jh. auf den Fundamenten eines alten Herrschaftsgebäudes, war ursprünglich die Propstei der Güter des Schwarzwald-Klosters St. Blasien zwischen Schliengen und Kenzingen. Am Treppenturm ist das Wappen des Erbauers, Abt Caspar II, angebracht, eine interessante Kombination von Bischofsmütze, Ritterhelm und barbusigen Damen.

Mitte des 18. Jh. veranlasste Pater Marquard Herrgott die Umgestaltung der Propstei durch den Architekten des Deutschordens, Meister Johann Caspar Bagnato. Ihm verdankt das Schloss das Walmdach, die barocke Haube des Treppenturms und die Stukkaturen der Innenräume im Stil des Rokoko.

Heute befindet sich das Schloss in Privatbesitz, beinhaltet eine berühmte und wertvolle Sammlung alter Tasteninstrumente und ist regelmäßig Schauplatz beliebter und vielbesuchter Schlosskonzerte.

Was ?

Schöner Schlosspark im Schatten alter Bäume und Schloss im späten Barockstil.
Wappen des Erbauers am Treppenturm.
Gartenkapelle im Rokokostil.
Sammlung wertvoller historischer Tasteninstrumente.
Beliebte Schlosskonzerte mit historischen Instrumenten.

Wann ?

Das Schloss ist im Privatbesitz und ist nicht frei zugänglich.
Besucht werden kann das 2. OG des Schlosses im Zusammenhang mit den Schlosskonzerten, Auskünfte und Kartenreservierung unter:
Tel. +49-7633-3700 oder
Tel. +49-7633-407-164
schlosskonzerte@badkrozingen.de

Wo ?

Am Schlosspark 7
79189 Bad Krozingen
Individualverkehr:
Von der A5 oder der B3 über die L120, Freiburger Straße und Basler Straße in Am Schlosspark.
ÖPNV
SWEG-Bahn Linie 113
SWEG-Bus Linie 113, 242, 7208 , 7240 bis Bahnhof, dann Bürgerbus Linie 1

Bad Krozingen
Museum Tasteninstrumente

Seit 1974 beherbergt das Schloss eine herausragende Sammlung historischer Tasteninstrumente aus dem 17. bis 19. Jh., von denen die meisten noch bespielbar sind. Zusammengetragen wurde die Sammlung von Fritz Neumeyer und seinen Schülern. Heute ist sie in eine Stiftung eingebracht.

Genutzt werden die Instrumente bei den regelmäßig stattfindenden Schlosskonzerten, die sich auch überregional einer großen Beliebtheit erfreuen.

Was ?

Herausragende Sammlung historischer Tasteninstrumente aus dem 17. bis 19. Jh..
Die meisten Instrumente sind noch heute bespielbar. Schlosskonzerte auf alten Tasteninstrumenten in einem wunderschönen Barockambiente.

Wann ?

Die Sammlung ist nicht frei zugänglich. Besucht werden kann die Sammlung im Zusammenhang mit den Schlosskonzerten, oder nach Voranmeldung zwischen 16:00 und 17:00.
Auskünfte und Kartenreservierung unter:
Tel. +49-7633-3700 oder
Tel. +49-7633-407-164
schlosskonzerte@badkrozingen.de

Wo ?

Am Schlosspark 7
79189 Bad Krozingen
Individualverkehr:
Von der A5 oder der B3 über die L120, Freiburger Straße und Basler Straße in Am Schlosspark.
ÖPNV
SWEG-Bahn Linie 113
SWEG-Bus Linie 113, 242, 7208, 7240 bis Bahnhof, dann Bürgerbus Linie 1

Bad Krozingen
Schlosskapelle

Was ?

Schöne Barockkapelle vom Beginn des 17. Jh..
Grab von Pater Marquard Herrgott, Vertreter des breisgauischen Prälatenstandes am Wiener Hof und, nachdem bei Maria Theresia in Ungnade gefallen, Verwalter der Propstei Krozingen.

Wann ?

Das Schloss ist im Privatbesitz und ist nicht frei zugänglich.
Besucht werden kann die Sammlung im Schloss im Zusammenhang mit den Schlosskonzerten, Auskünfte und Kartenreservierung unter:
Tel. +49-7633-3700 oder
Tel. +49-7633-407-164
schlosskonzerte@badkrozingen.de

Wo ?

Am Schlosspark 7
79189 Bad Krozingen
Individualverkehr:
Von der A5 oder der B3 über die L120, Freiburger Straße und Basler Straße in Am Schlosspark.
ÖPNV
SWEG-Bahn Linie 113
SWEG-Bus Linie 113, 242, 7208 , 7240 bis Bahnhof, dann Bürgerbus Linie 1

Bad Krozingen
Kirche St. Alban

Die Kirche ist als eine der wenigen im Markgräflerland dem hl. St. Alban geweiht, was auf ihre frühere Verbindung mit dem Bistum Basel hinweist. Von der mittelalterlichen Kirche ist nur mehr der Turmstumpf erhalten, der Rest wurde im 30jährigen Krieg von schwedischen Truppen zerstört.

Heute ist der fünfgeschossige Turm ein Wahrzeichen Bad Krozingens. Das Prunkstück der Kirche ist der Barocke Hochaltar aus der Mitte des 18. Jh.

Die in Bad Krozingen allgegenwärtige Handelsfamilie Litschgi hat auch hier ihre Spuren in Form eines Grabsteins und einer etwas kitschigen Ölbergszene hinterlassen.

Was ?

Barocker Hochaltar.
Schöner barocker Gesamteindruck mit Altären und Deckenbildern. Überdachter Ölberg an der Südseite, gestiftet von Johann Litschgi. Malerische Anlage von Grabsteinen um die Kirche, es lohnt sich, die Inschriften zu lesen.

Wann ?

Öffnungszeiten:
Mo bis Sa von 08:00 bis 19:00
So   von 09:00 bis 19:00
Information zu Öffnungszeiten:
Kath. Pfarramt
Baslerstraße 26
79189 Bad Krozingen
Tel. +49-7633-908949-0
pfarramt.st.alban@t-online.de

Wo ?

Ecke Grabenstraße und Basler Straße..
Individualverkehr:
Von der B3 über die L187 und die Freiburger Straße in die Basler Straße.
ÖPNV:
SWEG-Bahn Linie 113
SWEG-Bus Linie 113, 242, 7208, 7240 bis Bahnhof, dann Bürgerbus Linie 1 Station Volksbank

Bad Krozingen
Fridolinskapelle

Die 1737 errichtete Kapelle steht mitten auf einer Straßenkreuzung. Interessant ist ihr Altar. Dieser stammt aus dem Jahr 1602 und ist vermutlich eine Nachbildung des großen Hauptaltars der Klosterkirche St. Blasien, der später verbrannte.

Der Altar zeigt die Krönung Mariens durch Gottvater, Christus und den Heiligen Geist in Form der Taube, darunter die Anbetung der Heiligen Drei Könige, links der heilige Martin mit dem Bettler und rechts die heilige Barbara.

Bildhauer war vermutlich der Staufener Gideon Rosenbacher.

Was?

Altar aus 1602 als Nachbildung des zwischenzeitlich verbrannten großen Hauptaltars der Klosterkirche St. Blasien.

Wann?

Von aussen jederzeit einsehbar.

Wo?

Ecke Josefstraße, Kapellenstraße und Fridolinstraße.
Individualverkehr:
Von der B3 in die B123 Richtung Bad Krozingen, nach ca. 400 Meter links in die Josefstraße, dann ca. 450 Meter.
ÖPNV:
SWEG-Bus Linie 1
Station Oberkrozingen
dann Bürger-Bus Linie 1
Station Fridolinstraße

Bad Krozingen Glöcklehofkapelle

Die von außen eher unscheinbare Kapelle diente lange als Hofkapelle des alten Glöcklehofes und erregte nicht viel Aufmerksamkeit. Bis dann 1936 ein in Bad Krozingen kurender Denkmalpfleger am Putz kratzte und Farbspuren entdeckte. Bei der darauffolgenden Renovierung wurde ein Bilderzyklus über Johannes den Täufer freigelegt, der von Experten unterschiedlich in die Zeit zwischen der Mitte des 9. Jh. und dem Beginn des 11. Jh. eingeordnet wird.

Das zentrale Bild ist ein Brustbild Christi in kreisrunder Mandorla an der Ostseite des Chors, das als eine der wenigen großen Darstellungen Christi aus der Frühzeit des Christentums nördlich der Alpen gilt. Eindrucksvoll auch das Gastmahl des Herodes mit dem Tanz der Salome und mit dem Haupt des Täufers in der Schale. Die Malereien, die nur mehr als Umrisszeichnungen erhalten sind, weisen Bezüge zu den Buchmalereien von St. Gallen und Reichenau auf.

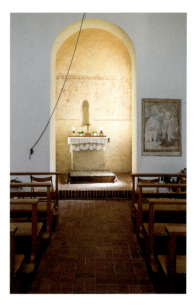

Was ?

Eines der ältesten Bauwerke in Bad Krozingen.
Bilderzyklus des Johannes.
Eine der wenigen großen Darstellungen Christi aus der Frühzeit des Christentums nördlich der Alpen.
Gönnen Sie sich eine Pause in der Kapelle, genießen Sie die Stimmung und Wirkung der Bilder.

Wann ?

Öffnungszeiten:
Täglich von 09:00 bis 17:00
Informationen:
Tourist Information
Herbert-Hellmann-Allee 12
79189 Bad Krozingen
Tel. +49-7633-4008-163
tourist.info@bad-krozingen.info

Wo ?

Kastellbergstraße
79189 Bad Krozingen
Individualverkehr:
Von der B3 in die L123 Richtung Bad Krozingen, nach ca. 500 Meter links in die Straße Am Ulrichshof
ÖPNV:
SWEG-Bus Linie 113
Station Oberkrozingen

Ehrenstetten
St. Georg und Altes Rathaus

Ehrenstetten war schon immer ein beliebter Standort, wie die Höhlen der Rentierjäger aus der älteren Steinzeit am Ölberg sowie die Alemannengräber am Rande des Schwarzwaldes belegen.

Erstmals urkundlich erwähnt wurde der Ort Mitte des 12. Jh.. Zu Beginn des 15. Jh. erhielt Ehrenstetten von Kaiser Sigismund das Jahrmarktrecht verliehen, an einem 10. August, seitdem findet jährlich an diesem Tag der Laurentiusmarkt mit einem gemütlichen Hock statt.

Zu den sehenswerten Gebäuden in Ehrenstetten gehören das erst kürzlich schön renovierte Alte Rathaus aus der Mitte des 18. Jh. sowie die St.-Georgs-Kirche. Diese geht auf die Mitte des 14. Jh. zurück, der heutige Bau ist allerdings neugotisch und wurde zu Beginn des 20. Jh. unter Einbindung von Teilen des Vorgängerbaus errichtet.

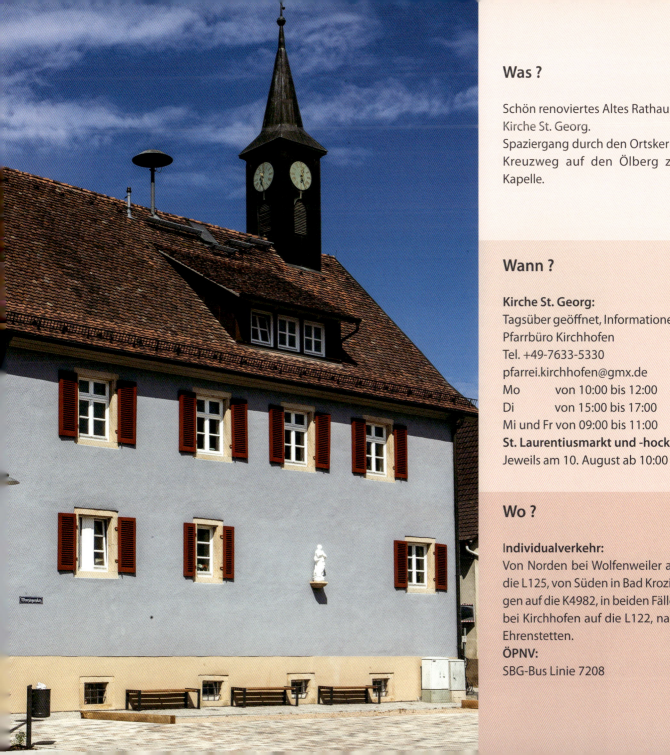

Was ?

Schön renoviertes Altes Rathaus.
Kirche St. Georg.
Spaziergang durch den Ortskern.
Kreuzweg auf den Ölberg zur Kapelle.

Wann ?

Kirche St. Georg:
Tagsüber geöffnet, Informationen:
Pfarrbüro Kirchhofen
Tel. +49-7633-5330
pfarrei.kirchhofen@gmx.de
Mo   von 10:00 bis 12:00
Di   von 15:00 bis 17:00
Mi und Fr von 09:00 bis 11:00
St. Laurentiusmarkt und -hock:
Jeweils am 10. August ab 10:00

Wo ?

Individualverkehr:
Von Norden bei Wolfenweiler auf die L125, von Süden in Bad Krozingen auf die K4982, in beiden Fällen bei Kirchhofen auf die L122, nach Ehrenstetten.
ÖPNV:
SBG-Bus Linie 7208

Ehrenstetten Ölbergkapelle

Was ?

Vom Dorf Ehrenstetten führt ein Kreuzweg auf den Ölberg. Dort steht eine 1954 zu Ehren der Kriegsopfer errichtete Kapelle. Der Kapellenstandort und der Gipfel des Ölberges bieten eine der schönsten Aussichten im und auf das Markgräflerland.

Wann ?

Öffnungszeiten:
Außen jederzeit frei zugänglich. Ausblick besonders sehenswert zu Sonnenauf- und untergang.
Information zu Öffnungszeiten:
Pfarrbüro Kirchhofen
Tel. +49-7633-5330
pfarrei.kirchhofen@gmx.de
Mo   von 10:00 bis 12:00
Di   von 15:00 bis 17:00
Mi und Fr von 09:00 bis 11:00

Wo ?

Individualverkehr:
Von Norden bei Wolfenweiler auf die L125, von Süden in Bad Krozingen auf die K4982, in beiden Fällen bei Kirchhofen auf die L122, dann in Ehrenstetten über Schmiege in den Ölbergweg.
ÖPNV:
SBG-Bus Linie 7208

Sölden
Kirche Fides und Markus

Die Kirche in Sölden geht auf ein Frauenkloster der Cluniazenserinnen zurück, das im 11. Jh. in Bollschweil gegründet und zu Beginn des 12. Jh. nach Sölden umgesiedelt und dem Kloster Cluny im Burgund unterstellt wurde. Daher ist Sölden auch heute Mitglied der Federation des Sites Clunisiens.

Der spätgotische Kirchenbau vom Beginn des 16. Jh. wurde im 17. Und 18. Jh. mehrfach von französischen Truppen verwüstet. Nach der letzten Plünderung Mitte des 18. Jh. wurde die Kirche instandgesetzt und erhielt ihren Zwiebelturm sowie die barocke Innenausstattung.

Zu dieser Zeit wurden auch die markanten Deckenfresken durch Franz Ludwig Hermann geschaffen und aus Rom der Reliquiencorpus der Katakombenheiligen Candida erworben, der heute in seinem goldenen Sarg ruht.

Zu Beginn des 19. Jh. wurde das Kloster aufgehoben, die Kirche dient seither als Pfarrkirche.

Was ?

Schöne Gesamtanlage die einen Rundgang lohnt.
Reiche Innenausstattung mit barocken Hauptaltar und zwei sehenswerten Seitenaltären.
Eindrucksvolle Deckengemälde mit Scheinarchitektur.
Goldener Sarg mit der Reliquie der Candida.

Wann ?

Öffnungszeiten:
Tagsüber geöffnet.
Rückfragen zu Öffnungszeiten:
Seelsorgeeinheit Obere Möhlin
Pfarrbüro Sölden
Bürglestraße 4
79294 Sölden
Tel. +49-761-404259
fidesund
markus-soelden@t-online.de

Wo ?

Individualverkehr:
Über die L122 durch das Hexental nach Sölden, dann über die Dorfstraße in die Klostergasse.
ÖPNV:
SBG-Bus Linie 7208

Bollschweil
St. Ulrich

Gründer des Klosters war Ulrich von Regensburg, ein Patenkind Kaiser Heinrich III.. Er trat 1061 in das burgundische Kloster Cluny ein und zog sich im Alter ins Möhlintal zurück, wo er 1087 eine Niederlassung von Cluny gründete, die er bis zu seinem Tode 10 Jahre leitete. Mitte des 16. Jh. gaben die Cluniazenser das Kloster auf und das Kloster St. Peter übernahm das Priorat.

Mitte des 18. Jh. wurde das Kloster völlig neu erbaut. Der bekannte Vorarlberger Baumeister Peter Thumb schuf dabei ein spätbarockes Kunstwerk, das weit über die Regio hinaus bekannt ist.

Von der Vorgängerkirche sind eine gotische Steinmadonna und eine große Brunnenschale erhalten geblieben. Der Stein der Brunnenschale stammt vermutlich aus dem Elsass. Die Künstler sind, wie der Stil und die hochwertige Bearbeitung belegen, wohl aus Cluny gekommen.

Das Kloster wurde zu Beginn des 19. Jh. säkularisiert und dient heute als Landvolkshochschule.

Was ?

Schöne Lage am Westabhang des Schauinslandmassivs, die zu Spaziergängen einlädt.
Spätbarockes Gesamtkunstwerk.
Gotische Steinmadonna.
Große steinerne Brunnenschale im Stil der Cluniazenser.

Wann ?

Öffnungszeiten:
Tagsüber geöffnet.
Information zu Öffnungszeiten:
Katholische Pfarrei St.Ulrich
St.Ulrich 10
Anton Fränznick-Weg 2
79283 Bollschweil
Tel. +49-7602-255
pfarrei-st.ulrich@t-online.de

Wo ?

Individualverkehr:
Von der B3 über die K4981 und die L122 nach Bollschweil. Von Bollschweil über die K4958 nach St. Ulrich.
ÖPNV:
SWEG-Bus Linie 7208

Bollschweil
Marie Luise Kaschnitz

Das Bollschweiler Schloss wurde Ende des 18. Jh. erbaut und steht an Stelle einer alten Wasserburg. Das Schloss mit französischem Flair befindet sich im Besitz der Familie von Holzing-Berstett.

Für Marie Luise Kaschnitz, eine der bedeutensten deutschen Schriftstellerinnen des 20. Jh., die 1901 als Freiin von Holzing-Berstett geboren wurde, war Schloss Bollschweil ihre „Herzkammer der Heimat" und sie widmete Bollschweil das Buch "Beschreibung eines Dorfes". Sie starb 1974 in Rom und ist auf dem Friedhof von Bollschweil begraben.

2014 wurde für die Ehrenbürgerin im Rathaus von Bollschweil das Kaschnitz-Zimmer eingerichtet, eine Dauerausstellung die neben ihrem Schreibtisch noch zahlreiche Erinnerungsstücke und Textfragmente zeigt. Nebenbei wird der Raum auch als Trauzimmer genutzt und der Schreibtisch als Trautisch.

Was?

Schöne Schlossanlage mit französischem Flair.
Kaschnitz-Zimmer im Rathaus von Bollschweil.
Grab von Marie Luise Kaschnitz auf dem Bollschweiler Friedhof.

Wann?

Das **Schloss** ist im Privatbesitz und ist nicht frei zugänglich. Aussenbesichtigungen sind gegen telefonische Vereinbarung möglich.
Tel. +49-7633-9510-0
Kaschnitz-Zimmer:
Mo bis Fr von 08:00 bis 12:00
Di   von 14:00 bis 16:00
Do   von 16:00 bis 18:00
Tel. +49-7633-1510-0
gemeinde@bollschweil.de

Wo?

Schloss:
Mühleweg 1
Kaschnitz-Zimmer im Rathaus:
Hexentalstraße 56
Individualverkehr:
Von der B3 über die K4981 und die L122. Das Schloss liegt linker Hand am Ortseingang, das Rathaus in Ortsmitte.
ÖPNV:
SBG-Bus Linie 7208

Kirchhofen
Ortsbild

Die ersten Siedlungshinweise in Kirchhofen stammen aus dem 9. Jh., die erste urkundliche Erwähnung vom Ende des 11. Jh..

Die Geschichte des Ortes wurden von der beliebten Wallfahrtskirche St. Mariä Himmelfahrt und dem großen Wasserschloss dominiert, die auch heute die Hauptsehenswürdigkeiten von Kirchhofen sind.

Eine Mischung aus herrschaftlichen Häusern und landwirtschaftlichen Anwesen mit malerischen Details prägen das Ortsbild.

Was ?

Kirche St. Mariä Himmelfahrt.
Ehemaliges Wasserschloss.
Pfarrhaus gegenüber der Kirche.
Herbster Huus.
Landwirtschaftliche Anwesen mit zahlreichen malerischen Details.

Wann ?

Außen jederzeit frei zugänglich.

Wo ?

Individualverkehr:
Von der B3 über die K4981 auf Offnadinger Straße, dann über den Hofmattenweg in die Herrenstraße.
ÖPNV:
SBG-Bus Linien 114, 7208 und 7240
Rast-Bus Linie 242

Kirchhofen
St. Mariä Himmelfahrt

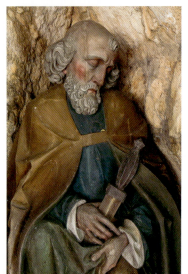

Was ?

Eine der schönsten und prächtigsten Barockkirchen des Markgräflerlandes.
Seit dem Ende des 17. Jh. eine beliebte Wallfahrtskirche zur Verehrung eines Madonnenbildes aus dem 15. Jh..
Hinter der Kirche befindet sich ein volkstümliches Ölbergszenarium.

Wann ?

Öffnungszeiten:
Tagsüber geöffnet.
Informationen:
Pfarrbüro Kirchhofen
Herrenstraße 2
79238 Kirchhofen
Tel. +49-7633-5330
pfarrei.kirchhofen@gmx.de

Wo ?

Herrenstraße 2
79238 Kirchhofen
Individualverkehr:
Von der B3 über die K4981 auf Offnadinger Straße, dann über den Hofmattenweg in die Herrenstraße.
ÖPNV:
SBG-Bus Linien 114, 7208 und 7240
Rast-Bus Linie 242

Kirchhofen
Ehemaliges Wasserschloss

Die Ursprünge des Schlosses werden im 13. Jh. vermutet, der heutige Bau stammt in seiner Anlage vom Beginn des 16. Jh. und gilt als die besterhaltene große Wasserburg im Markgräflerland. Ursprünglich besaß die Burganlage vier Türme mit je 7 Meter Durchmesser, von denen noch drei existieren. Sie war von einem rund 16 Meter breiten Graben umgeben, der teilweise noch gut zu erkennen ist.

Von 1577 bis zu seinem Tod im Jahr 1582 war Lazarus von Schwendi Eigentümer des Schlosses. Aus niedrigem Adel stammend wurde er Diplomat und Militär, diente unter anderem Kaiser Karl V. und Philipp II. von Spanien, für Kaiser Maximilian II kämpfte er als Feldherr in Ungarn erfolgreich gegen die Türken. Dort lernte er auch die Tokajer-Rebe kennen, die er angeblich als Ruländer oder Grauburgunder ins Elsass und den Kaiserstuhl einführte.

Im Dreißigjährigen Krieg wurde das Schloss durch schwedische Truppen verwüstet. Seit der Mitte des 18. Jh. gehörte das Schloss zum Kloster St. Blasien und wurde von diesem wieder instand gesetzt. Seit 1844 dient es als Schulhaus.

Was?

Besterhaltene große Wasserburg im Markgräflerland.
Schöner Spaziergang durch den ehemaligen Wassergraben.
Schlossgrabenhock mit Wein und markgräfler Speisen.

Wann?

Außen jederzeit frei zugänglich. Schlossgrabenhock am letzten Wochende im Mai.

Wo?

Individualverkehr:
Von der B3 über die K4981 auf die Offnadinger Straße, dann über die Lazarus-Schwendi-Straße in die Schlossstrasse.
ÖPNV:
SBG-Bus Linien 114, 7208 und 7240
Rast-Bus Linie 242

Batzenberg

Mit rund 4 Kilometern Länge, 1,2 Kilometern Breite und über 370 Hektar Anbaufläche ist der Batzenberg Deutschlands größter geschlossener Weinberg und die größte Lage für Gutedel, der gegen Ende des 18. Jh. vom Genfersee eingeführt wurde, wo er als Chasselas bekannt und beliebt ist.

Nach dem Zweiten Weltkrieg wurde der Batzenberg zum ersten rebflurbereinigten Gebiet Badens und eine Modellregion für modernen Weinbau, mit all seinen guten und weniger guten Aspekten.

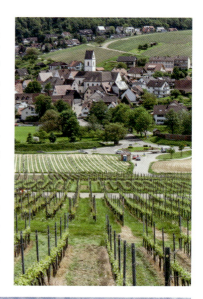

Was ?

5 Kilometer langer Weinlehrpfad mit Schautafeln .
Steinhauerkreuz und Propfrebendenkmal.
4 Kilometer langer und fast ebener Höhenweg.
Schöne Sicht auf die Rheinebenbe, den Schwarzwald und die Weinorte am Fuß des Batzenbergs.

Wann ?

Jederzeit frei zugänglich.

Wo ?

Individualverkehr:
Von der B3 über L125. Zufahrtsmöglichkeiten auf den Berg von der L125 aus Kirchhofen und Pfaffenweiler sowie von der B3 aus Norsingen und Schallstadt.
ÖPNV:
SBG-Bus Linie 7249
RAST-Bus Linie 241

Pfaffenweiler Staffelgiebelhäuser

Die Doppelgemeinde, bestehend aus den Ortsteilen Pfaffenweiler und dem älteren Öhlisweiler, geht auf das frühe 8. Jh. zurück und war dank des Weinbaus und der rund zehn Steinbrüche, die das Markgräflerland und den Breisgau mit Kalksandstein belieferten, sehr wohlhabend. Beleg dafür sind die zahlreichen repräsentativen Staffelgiebelhäuser, allen voran die „Stube", das Trink- und Gemeindehaus von Öhlisweiler aus der zweiten Hälfte des 17. Jh., heute ein Restaurant.

Was ?

Prächtiges Staffelgiebelhaus „Gasthaus zur Stube"
Zahreiche alte Staffelgiebelhäuser, insbesondere im Bereich der Kapellenstraße.
Schneckenfest und Steinbickfescht.

Wann ?

Jederzeit frei zugänglich.
Das **Schneckenfest** findet jeweils am ersten Wochenende im September statt, das **Steinbickfescht** am letzten Sonntag im Juni.

Wo ?

Individualverkehr:
Von der B3 in Bad Krozingen oder Wolfenweiler auf die L125, dann über die K4952 (Weinstraße) beim Gasthaus zur Stube links in die Kapellenstraße.
ÖPNV:
SBG-Bus Linie 1740

Pfaffenweiler
Kapelle der hl. Rosalie und Barbara

Ende des 15. Jh. wird erstmals eine „Capellen zu Ölenswiler" erwähnt. 1970 wurden bei Restaurierungsarbeiten die Reste eines großen Freskos freigelegt, welche die hl. Katharina von Alexandrien und einen Prister des Deutschordens im Meßgewand darstellen.

Die Kirche wurde in der zweiten Hälfte des 18. Jh. barockisiert. Der Hochaltar stammt aus dem 17. Jh., sein Altarblatt zeigt die hl. Barbara, Schutzpatronin der Bergleute und die hl. Rosalie, die Schutzpatronin vor der Pest.

Was ?

Schön gelegene Kapelle im barocken Stil.
Reste eines großen Freskos.
Altar aus dem 17. Jh..
Lohnenswerter Rundgang durch die Kapellenstraße mit ihren historischen Häusern.

Wann ?

Öffnungszeiten:
Tagsüber geöffnet.
Information Öffnungszeiten:
Kath. Pfarrgemeinde St.Columba
Tel. +49-7664-8171
st.columba.pfaffenweiler@t-online.de
Mo   von 09:00 bis 12:00
Di und Do von 14:00 bis 17:00
Fr   von 09:00 bis 11:30

Wo ?

Individualverkehr:
Von der B3 in Bad Krozingen oder Wolfenweiler auf die L125, dann über die K4952 (Weinstraße) beim Gästehaus zur Stube links in die Kapellenstraße.
ÖPNV:
SBG-Bus Linie 1740

Pfaffenweiler
Kirche St. Columba

Die Kirche ist als einzige im Erzbistum Freiburg der hl. Columba geweiht, im Elsass gibt es mehr davon. Im Chor und Turm der Kirche sind Bauteile aus dem 13. und 14. Jh. erhalten.

In der zweiten Hälfte der 70er des letzten Jahrhunderts entstand durch den Breisacher Künstler Helmut Lutz eine interessante Kombination aus neuer und alter Kunst, die mittelalterliche Malerei, Barocke Altäre und moderne Skulpturen, die mitunter an Antoni Gaudi erinnern, verbindet.

Was ?

Spannende Kombination aus mittelalterlicher Malerei, barocken Altären und moderner Kunst. Es lohnt sich ein Rundgang um die Kirche und ein Studium der Skulpturen entlang der Umfassungsmauer.
Schöne mittelalterliche Malereien.

Wann ?

Öffnungszeiten:
Tagsüber geöffnet.
Information Öffnungszeiten:
Kath. Pfarrgemeinde St.Columba
Tel. +49-7664-8171
Mo   von 09:00 bis 12:00
Di und Do von 14:00 bis 17:00
Fr   von 09:00 bis 11:30

Wo ?

Individualverkehr:
Von der B3 in Bad Krozingen oder Wolfenweiler auf die L125, dann über die K4952 (Weinstraße) erste Abzweigung rechts in die Kirchstraße.
ÖPNV:
SBG-Bus Linie 1740

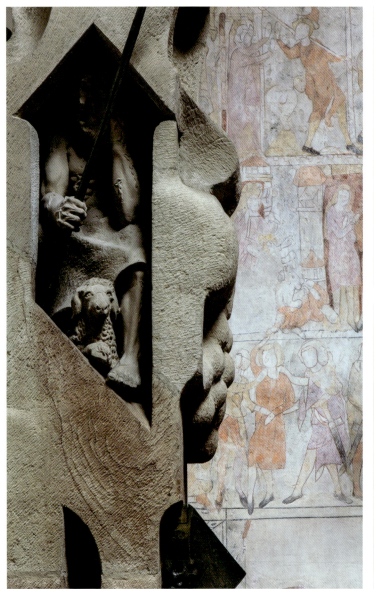

Pfaffenweiler Dorfmuseum

Die wirtschaftliche Vergangenheit Pfaffenweilers wurde wesentlich von zwei Faktoren bestimmt, dem Weinbau und den Steinbrüchen, entsprechend sind dies auch die beiden Schwerpunkte des Dorfmuseums.

Den Wein erläutern eine Sammlung von Gerätschaften zur Rebwirtschaft sowie informative Modelle des Batzenbergs vor und nach der Flurbereinigung.

Zu den Steinbrüchen zeigt die Sammlung Wekzeuge und Fotos mit den Steinbruchmannschaften.

Was ?

Schöne Lage neben dem Rathaus, dem ehenmaligen Schulhaus. Vor dem Gebäude der alte Schulbrunnen und eine Steinbruchlore. Gerätschaften zur Rebwirtschaft bis hin zur Schnapsbrennerei. Modelle des Batzenbergs vor und nach der Flurbereinigung Werkzeug aus den Steinbrüchen und historische Fotos der Steinbruchmannschaften.

Wann ?

Öffnungszeiten:
1. So im Monat von 10:00 bis 12:00
3. So im Monat von 15:00 bis 17:00
Anfrage Führungen:
Tel. +49-7664-9700-16
weeger@pfaffenweiler.de

Wo ?

Bürgermeisteramt Pfaffenweiler
Rathausgasse 4
79292 Pfaffenweiler
Individualverkehr:
Von Norden bei Wolfenweiler auf die L125, von Süden in Bad Krozingen auf die K4982, dann auf die L125. Über die Weinstraße in die Rathausgasse.
ÖPNV:
SBG-Bus Linie 7240

Pfaffenweiler Milchhäusle

154

Was ?

Das Milchhäusle wurde zu Beginn des 20. Jh. als Fasseichhalle errichtet., später als Milchhäusle, DRK-Heim und für die Pfaffenweiler Presse genutzt. Heute enthält es eine liebevoll bis ins Detail rekonstruierte Schuhmacherwerkstatt, sehr sehenswert.

Wann ?

Schlüssel beim Dorfmuseum Pfaffenweiler.
Öffnungszeiten:
1. So im Monat von 10:00 bis 12:00
3. So im Monat von 15:00 bis 17:00
Anfrage Führungen:
Tel. +49-7664-9700-16
weeger@pfaffenweiler.de

Wo ?

Bürgermeisteramt Pfaffenweiler
Rathausgasse 4
79292 Pfaffenweiler
Individualverkehr:
Von Norden bei Wolfenweiler auf die L125, von Süden in Bad Krozingen auf die K4982, dann auf die L125. Über die Weinstraße bis zur Abzweigung Steinweg.
ÖPNV:
SBG-Bus Linie 7240

Pfaffenweiler Steinbrüche

Was?

Die zehn Steinbrüche waren eine wichtige Erwerbsquelle Pfaffenweilers. Der Abbau des Steins war aufwendig, die Qualität hochwertig, daher wurde er vor allem zu wertvollen Innenausbauten genutzt, wie dem Chor des Freiburger Münsters.

Wann?

Schlüssel beim Dorfmuseum Pfaffenweiler.
Öffnungszeiten:
1. So im Monat von 10:00 bis 12:00
3. So im Monat von 15:00 bis 17:00
Anfrage Führungen:
Tel. +49-7664-9700-16
weeger@pfaffenweiler.de

Wo?

Bürgermeisteramt Pfaffenweiler
Rathausgasse 4
79292 Pfaffenweiler
Individualverkehr:
Von Norden bei Wolfenweiler auf die L125, von Süden in Bad Krozingen auf die K4982, dann auf die L125. Über die Weinstraße bis zur Abzweigung Steinweg.
ÖPNV:
SBG-Bus Linie 7240

Ebringen
Ortsbild

Das Gebiet von Ebringen war bereits zu früher Zeit besiedelt, wie der Fund von rund 200 Alemannengräbern aus dem 6. bis 8. Jh. belegt.

Durch die Nennung in einer Urkunde des Klosters St. Gallen zu Beginn des 8. Jh. ist Ebringen die älteste ländliche Gemeinde der Region, die urkundlich dokumentiert ist.

Ebringen entwickelte sich zum Verwaltungszentrum der regionalen Besitztümer des Klosters und wurde Sitz der Statthalterei. Dazu errichtete das Kloster zu Beginn des 18. Jh. das heute als Rathaus genutzte Schloss.

Zahlreiche schöne Staffelgiebel- und Fachwerkhäuser aus dem 16. und 17. Jh. zeugen von der Bedeutung Ebringens als Weinort.

Was?

Malerisches Ortsbild mit zahlreichen schönen Staffelgiebel- und Fachwerkhäusern.
„Rottenmünsterhof".
„Bollingerhaus".
Lohnenswerte Blicke auf liebevolle Details an den Hauswänden und in den Vorgärten.

Wann?

Jederzeit frei zugänglich.

Wo?

Individualverkehr:
Von der B3 in Bad Krozingen oder Wolfenweiler auf die L125, dann auf der K4953 nach Ebringen. Über den Wangenweg und Dammweg in den Kirchweg.
ÖPNV:
SBG-Bus Linie 7240
DB-Bahn Linie 703

Ebringen Schloss

157

Was ?

Das Ebringer Schloss wurde zu Beginn des 18. Jh. durch das Kloster Sankt Gallen anstelle eines Vorgängerbaus errichtet und ausgestattet.
Das Gebäude wird heute als Rathaus genutzt, der Ratssaal mit seinem Stuck und der Treppenaufgang erinnern an die Geschichte. In den mächtigen Kellergewölben wird der Ebringer Wein gelagert.

Wann ?

Außen jederzeit frei zugänglich.
Öffnungszeiten Rathaus:
Mo bis Fr von 08:00 bis 12:00
Di   von 14:00 bis 18:00
Tel. +49-7664-5058-0
gemeinde@ebringen.de

Wo ?

Rathaus Ebringen
Schloßplatz 1
79285 Ebringen
Individualverkehr:
Von der B3 in Bad Krozingen oder Wolfenweiler auf die L125, dann auf der K4953 nach Ebringen.
ÖPNV:
SBG-Bus Linie 7240
DB-Bahn Linie 703

Ebringen
Kirche St.Gallus und Otmar

Charakteristisch für die Kirche ist die breite Aufgangstreppe mit den Rokokostatuen des hl. Joseph und Marias. Sie führt auf den ummauerten Kirchenvorplatz, auf dem bis zum 19. Jh. der Friedhof lag, ein Friedhofskreuz erinnert noch daran.

Der Turm ist spätgotisch, die Innenausstattung im Rokoko-Stil stammt vom Ende des 18. Jh..

Auffallend sind die zahlreichen Epitaphien Ebringer Bürger, darunter auch Sigismund und Christoph von Falkenstein.

Was ?

Schöne Lage im Dorfkern mit Freitreppe und Rokoko-Statuen.
Beschaulicher Kirchenvorplatz mit altem Friedhofskreuz.
Spätgotischer Kirchturm.
Prächtige Innenausstattung im Rokoko-Stil.
Zahlreiche Epitaphien.

Wann ?

Öffnungszeiten:
Tagsüber geöffnet.
Informationen Öffnungszeiten:
Kath. Pfarrgemeinde St.Gallus
Schönbergstraße 73
79285 Ebringen
+49-7664-7036
st.gallus.ebringen@t-online.de
Mo   von 14:00 bis 17:00
Di und Do von 09:00 bis 12:00
Fr   von 14:00 bis 16:00

Wo ?

Individualverkehr:
Von der B3 in Bad Krozingen oder Wolfenweiler auf die L125, dann auf der K4953 nach Ebringen. Über den Wangenweg und Dammweg in den Kirchweg.
ÖPNV:
SBG-Bus Linie 7240
DB-Bahn Linie 703

Ebringen
Berghauser Kapelle

Die dem hl. Trupert geweihte Berghauser Kapelle war ursprünglich die Kirche des Dorfes Berghausen, das aber bereits im 15. Jh. aufgegeben wurde.

Die heutige Kapelle wurde Mitte des 18. Jh. im Rokoko-Stil errichtet. Sie ist heute wegen ihrer heiteren Stimmung und der schönen Lage ein beliebter Ort für Trauungen.

Die Kapelle liegt mitten in den Berghauser Matten, ein 1996 eingerichtetes Naturschutzgebiet.

Was ?

Malerisch gelegene Kapelle mit heiterem Ambiente.
Beliebt bei Brautpaaren.
Spazierwege zum Schönberg und zur Ruine Schneeburg.
Schöner Weg von Schönberg im Hexental durch Streuobstwiesen und Weinberge, vorbei an Steinkreuzen und Wii-Hüsli mit tollen Ausblicken auf Freiburg.

Wann ?

Öffnungszeiten:
Tagsüber geöffnet.
Informationen Öffnungszeiten:
Kath. Pfarrgemeinde St.Gallus
Schönbergstraße 73
79285 Ebringen
+49-7664-7036
Mo   von 14:00 bis 17:00
Di und Do von 09:00 bis 12:00
Fr   von 14:00 bis 16:00

Wo ?

Individualverkehr:
Von der B3 in Bad Krozingen oder Wolfenweiler auf die L125, dann auf der K4953 durch Ebringen bis zum Parkplatz Berghauser Kapelle.
ÖPNV:
SBG-Bus Linie 7240
DB-Bahn Linie 703

Ebringen
Ruine Schneeburg

Die Schneeburg wurde im 13. Jh. in etwa 500 Metern Höhe auf einem Nebengipfel des Schönbergs erbaut. Sie kontollierte den Übergang zwischen zwei Tälern und bot einen weiten Rundblick zur Überwachung der Umgebung.

Als Bauherrn werden die Herren von Hornberg vermutet. Mitte des 14. Jh. kam die Burg dann an das Kloster St.Gallen. Strategischer Nutzen und Wohnqualität der Burg waren wohl gering, denn sie wurde bereits zum Ende des 15. Jh. aufgegeben und erlitt dann ein für Markgräfler Burgen ungewöhnliches Schicksal, sie verfiel von selbst im Laufe der Zeit.

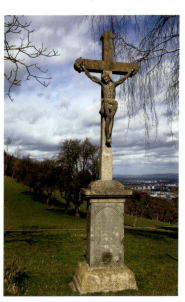  

Was ?

Malerische Lage mit guten Möglichkeiten für Spaziergänge. Tolle Aussicht auf Freiburg. Romantischer Grillplatz. Schönberger Hof, früher Wirtschaftsgebäude der Burg, heute schlichtes Ausflugs-Gasthaus. Schöner Rundweg von Ebringen, Parkplatz Berghauser Kapelle, über die Burg und den Schönberg mit ca. 5 Kilometer Länge.

Wann ?

Jederzeit frei zugänglich.
Schönberger Hof:
Di   ab 15:00
Mi bis So ab 10:30
Warme Küche von 12:00 bis 14:00
und   von 17:00 bis 21:00

Wo ?

Individualverkehr:
Von der B3 in Bad Krozingen oder Wolfenweiler auf die L125, dann auf der K4953 durch Ebringen bis zum Parkplatz Berghauser Kapelle, dort halblinks bis zum Schönberger Hof.
ÖPNV:
SBG-Bus Linie 7240
DB-Bahn Linie 703

Literaturquellen

01	Baden und Elsass, Stuart Pigotts Weinreisen	
	Manfred Lüer und Chandra Kurt, Scherz Verlag, 2009	
02	Das Markgräflerland Band 2/2003	
	Geschichtsverein Markgräflerland e.V., 2003	
03	Er-„Fahrungen" im badischen Oberland Band I	
	Im Stromland des Oberrheins	
	Walter Fahl, Schillinger Verlag Gmbh, 1990	
04	Er-"Fahrungen" im badischen Oberland Band II	
	Links und Rechts der Bundesstraße 3	
	Walter Fahl, Schillinger Verlag GmbH, 1990	
05	Er-"Fahrungen" im badischen Oberland Band III	
	Am Schwarzwaldrand	
	Walter Fahl, Schillinger Verlag GmbH, 1990	
06	Kaiserstuhl und Markgräflerland. Die 40 schönsten Touren.	
	Rainer Kröll, Bruckmanns Wanderführer, 2014	
07	Kirchen + Kapellen im Markgräflerland	
	Johannes Helm, Stadt Mülleim/Baden, 1986	
08	Kleine Geschichte Vorderösterreichs	
	Dieter Speck, G.Braun Buchverlag, 2010	
09	Kunstführer Markgräflerland	
	Geiges/Heimann, Verlagsbüro v. Brandt, 1986	
10	Kunst. Thermen. Wein. Entdeckungsreisen durchs Markgräflerland.	
	Dorothee Philiipp, Jost Grosspietsch, Arno Herbener, Rolf Rubsamen	
	Kunstverlag Josef Fink, 2011	

11	Markgräflerland
	Leopold Börsig/Martin Schulte-Kellinghaus, Rombach Verlag, 1991
13	Markgräflerland. Ein Gang durchs gelobte Land
	Wolfgang Abel, Oase Verla, 2015
14	Mythische Orte am Oberrhein, Band I
	Edith Schweizer-Völker und Martin Schulte-Kellinghaus
	Christoph Merian Verlag, 2006
15	Mythische Orte am Oberrhein, Band II
	Edith Schweizer-Völker und Martin Schulte-Kellinghaus
	Christoph Merian Verlag, 2008
16	Öchsletouren für Genießer: Baden
	Peter Gürth, Silberburg-Verlag, 2013
17	Rhin Supérieur / Oberrhein, Hotels & Restaurants
	Guide Michelin 2013
18	Streifzüge in der Regio
	Peter Gürth, Silberburg-Verlag 2011
19	Wandern für Wissbegierige
	Peter Gürth, Rombach Verlag, 2008
20	Straußenführer der Badischen Zeitung
	App fürs Mobiltelephon, 2015
21	Webseiten verschiedener Behörden, Kommunen, Institutionen und Unternehmen
22	Wikipedia, verschiedene Autoren

Bilderquellen

S. 16 Bild links oben: Hotel Restaurant Mühle
S. 19 Bild unten: Sabine Kiss, Bildschön Foto
S. 88 Bilder links oben und rechts oben: Golfclub Markgräflerland
S. 89 Bild: Golfclub Markgräflerland
S. 110 Bild: Balinea Therme
S. 111 Bild: Balinea Therme
S. 134 Bild rechts oben: Stadt Neuenburg am Rhein
S. 142 Bild rechts unten: Winzerkeller Auggener Schäf
S. 143 Bild: Winzerkeller Auggener Schäf
S. 176 Bild rechts oben: Weingut Engler
S. 177 Bild: Weingut Engler
S. 202 Bilder links oben und rechts oben sowie links unten: Stadt Sulzburg
S. 204 Bild oben: Winzerkeller Auggener Schäf
S. 206 Alle Bilder: Staudengärtnerei Gräfin von Zeppelin
S. 207 Bild: Staudengärtnerei Gräfin von Zeppelin
S. 250 Bild: Outdoor Theater Staufen
S. 274 Bilder links oben und rechts oben: Dr. Coch
S. 310 Bilder links oben und links unten: Weingut Martin Waßmer

Die Urheberrechte für alle anderen Bilder liegen ausschließlich bei der SENCON-SeniorConsulting GmbH.

Impressum

Herausgeber und Urheberschaft:
SENCON-SeniorConsulting GmbH, Nansenstraße 3a, 79539 Lörrach, www.sencon-verlag.de. Alle Rechte im In- und Ausland sind vorbehalten. Jegliche - auch auszugsweise - Verwertung, Wiedergabe, Vervielfältigung, Übersetzung, Adaption, Mikroverfilmung, Einspeicherung oder Verarbeitung in EDV-Systemen ausnahmslos aller Teile des Werkes bedarf der ausdrücklichen Genehmigung durch die SENCON-SeniorConsulting GmbH.

Bildnachweis:
Die Urheberrechte für alle Bilder liegen, sofern unter Bilderquellen nicht ausdrücklich anders erwähnt, ausschließlich bei der SENCON - SeniorConsulting GmbH. Autor und Verlag danken ausdrücklich allen Institutionen für Ihre Zustimmung zur Veröffentlichung der Fotos und für ihre Bemühungen zur Korrektur der Fakten und Texte.

Produkthaftung:
Die in diesem Buch enthaltenen Informationen wurden vom Autor nach bestem Wissen und Gewissen erstellt und von ihm und dem Verlag mit größtmöglicher Sorgfalt überprüft. Dennoch sind, wie wir im Sinne des Produkthaftungsrechtes feststellen müssen, inhaltliche Fehler nicht auszuschließen. Daher erfolgt die Angabe ohne jegliche Verpflichtung oder Garantie des Autors bzw. des Verlages. Beide Parteien übernehmen keinerlei Verantwortung bzw. Haftung für mögliche Unstimmigkeiten.

Verbesserungsvorschläge:
Sämtliche Informationen beziehen sich auf den Stand der Drucklegung November 2015. Für Ihre Anregungen und Verbesserungsvorschläge sind wir dankbar. Bitte schicken Sie diese an die SENCON-SeniorConsulting GmbH, Nansenstraße 3a, 79539 Lörrach oder an js@sen-con.eu.